Manfred Härtel
Günter Nordmeier

REALSCHULABSCHLUSS
MATHEMATIK
PRÜFUNGSVORBEREITUNG

D1727311

MANZ VERLAG

Manz Verlag
© Ernst Klett Verlag GmbH, Stuttgart 2005
Alle Rechte vorbehalten
Lektorat: Jürgen Grimm, Braunschweig
Herstellung und Grafiken: imprint, Zusmarshausen
Umschlaggestaltung: Werkstatt München: Weiss/Zembsch, München
Druck: Druckhaus Beltz, Hemsbach

ISBN 10: 3-7863-3028-X
ISBN 13: 978-3-7863-3028-8

Tipps zum Training mit diesem Buch

Das Buch hilft bei einer gezielten Vorbreitung auf die Abschlussarbeit im Fach Mathematik, die in fast allen Bundesländern gegen Ende der Realschulzeit durchgeführt wird.

Du kannst es aber auch während des zehnten Schuljahres zur Festigung des in der Schule Gelernten nutzen, bestimmte Themen wiederholen oder dich damit auf die nächste Klassenarbeit vorbereiten.

Die Möglichkeit, ein solides Fundament in Mathematik zu schaffen, wird in den Kapiteln „Lineare Gleichungen und Gleichungssysteme", „Quadratische Funktionen und Gleichungen", „Potenzen und Wurzeln", „Wachstums- und Abnahmevorgänge", „Trigonometrie" und „Figuren und Körper" geboten. Ein „Anhang Basiswissen Sachrechnen" ermöglicht das Training grundlegender Rechenverfahren in der Dreisatz-, Prozent- und Zinsrechnung.

Alle Kapitel sind gleich aufgebaut: Zunächst werden die wichtigen Begriffe erklärt und Regeln zusammengefasst, dann werden Beispiele vorgestellt. Im Anschluss folgen Übungsaufgaben mit ansteigendem Schwierigkeitsgrad, um die eigenen Fähigkeiten zu testen bzw. die Inhalte an geeigneten Aufgaben zu wiederholen. Besonders anspruchsvolle Aufgaben haben wir mit einem kleinen Dreieck (▲) vor der Aufgabennummer gekennzeichnet. Den Schluss eines jeden Kapitels bildet ein Test zu den zentralen Inhalten des jeweiligen Themas.

Mit den ausführlichen Lösungen am Ende des Buchs kannst du überprüfen, ob du die Aufgaben richtig gelöst hast. Dabei kannst du auch herausfinden, worin deine Fehler liegen. Bei vielen Lösungen sind kleine Tipps als Lösungshilfen hinzugefügt. Schlage aber erst im Lösungsteil nach, wenn du mehrere Aufgaben gelöst hast oder gar nicht weiterkommst.

Auf den Seiten 83 bis 87 findest du fünf Probearbeiten. Damit solltest du den „Ernstfall" durchspielen. Ziehe dich dazu wirklich jeweils 90 Minuten zurück, so dass du nicht gestört wirst, bearbeite die Aufgaben sauber und ordentlich und prüfe anschließend mithilfe der Lösungen, ob du den Anforderungen gewachsen bist. Ist das nicht der Fall, dann geh noch einmal die entsprechenden Seiten im Buch durch.

Zu welchem Zweck das Buch auch immer genutzt wird, die Autoren und der Verlag wünschen viel Erfolg und Spaß beim Lernen.

A Lineare Gleichungen

1 Lösen linearer Gleichungen — Grundlagen

Gleichungen werden durch schrittweise Vereinfachung systematisch gelöst. Damit die entstehenden Gleichungen untereinander gleichwertig (äquivalent) bleiben, dürfen nur **Äquivalenzumformungen** vorgenommen werden:

- Auf beiden Seiten der Gleichung darf dieselbe Zahl oder derselbe Term addiert oder subtrahiert werden.
- Auf beiden Seiten der Gleichung darf mit derselben Zahl oder demselben Term (ungleich Null) multipliziert oder dividiert werden.
- Auf beiden Seiten der Gleichung dürfen Termumformungen wie z. B. das Zusammenfassen gleichartiger Terme vorgenommen werden.

Die Menge aller Zahlen, die man für die Variable in die gegebene Gleichung einsetzen darf, heißt **Grundmenge** (G).
Die Menge aller Zahlen aus der Grundmenge, die zur Lösung der Gleichung führen, heißt **Lösungsmenge** (L); wenn keine Zahl aus G die Gleichung löst, ist die Lösungsmenge leer (L = { }).

Beispiele

a)
$$6x + 18 = 2x - 52 \quad | -18$$
$$\Leftrightarrow \quad 6x = 2x - 70 \quad | -2x$$
$$\Leftrightarrow \quad 4x = -70 \quad | :4$$
$$\Leftrightarrow \quad x = -17,5$$

Probe
$$6 \cdot (-17,5) + 18 = 2 \cdot (-17,5) - 52$$
$$-105 + 18 = -35 - 52$$
$$-87 = -87 \text{ (wahr)}$$

Lösungsmenge bestimmen:
Wenn $G = \mathbb{N}$, $G = \mathbb{Z}$, dann L = { }
Wenn $G = \mathbb{Q}$, dann L = {−17,5}

b)
$$12y - 23 - 0,5y = -18 + 2,9y + 12,2$$
$$\Leftrightarrow 11,5y - 23 = 2,9y - 5,8 \,|\, -2,9y + 23$$
$$\Leftrightarrow \quad 8,6y = 17,2 \quad | :8,6$$
$$\Leftrightarrow \quad y = 2$$

Probe
$$12 \cdot 2 - 23 - 0,5 \cdot 2 = -18 + 2,9 \cdot 2 + 12,2$$
$$24 - 23 - 1 = -18 + 5,8 + 12,2$$
$$0 = 0 \text{ (wahr)}$$

Lösungsmenge bestimmen:
Wenn $G = \mathbb{N}$, $G = \mathbb{Z}$, $G = \mathbb{Q}$,
dann L = {2}

Aufgaben

1. Löse die linearen Gleichungen und bestimme die Lösungsmenge für $G = \mathbb{Z}$.

a) $3 + 3x + 8 = x + 21$

b) $3x + 19 = 5x + 20$

c) $0,9x - 2,5 = 0,4x + 3$

d) $3,5z - 14,1 = 6,3z - 3,6 + 0,7z$

e) $\frac{3}{4}x - \frac{1}{2} = 5\frac{1}{2}$

f) $\frac{1}{6}z - \frac{2}{3} = \frac{2}{3} - \frac{1}{2}z$

2 Umformungen mit Klammern

Klammern auflösen

Beim **Auflösen einer Plus-Klammer** verändern sich
die Rechenzeichen der Summanden in der Klammer nicht.
$$a + (b + c) = a + b + c \qquad a + (b - c) = a + b - c$$

Beim **Auflösen einer Minus-Klammer** erhalten die Summanden
entgegengesetzte Rechenzeichen.
$$a - (b + c) = a - b - c \qquad a - (b - c) = a - b + c$$

Beispiel

Hat die folgende Gleichung eine Lösung in $\mathbb{N}$, $\mathbb{Z}$ oder $\mathbb{Q}$?

$$
\begin{array}{ll}
3x + (x - 1) = 2x - (x + 7) & \text{Klammern auflösen} \\
3x + x - 1 = 2x - x - 7 & \text{zusammenfassen} \\
4x - 1 = x - 7 \quad | -x + 1 & \text{ordnen} \\
3x = -6 \quad | :3 & \text{Variable isolieren} \\
x = -2 &
\end{array}
$$

Probe $\quad 3 \cdot (-2) + (-2 - 1) = 2 \cdot (-2) - (-2 + 7) \quad$ Punkt- vor Strichrechnung!
$$-6 + (-3) = -4 - 5$$
$$-9 = -9 \text{ (wahr)}$$

Lösungsmenge
Ist $G = \mathbb{N}$, dann $L = \{\}$; ist $G = \mathbb{Z}$ oder $G = \mathbb{Q}$, dann $L = \{-2\}$.

Aufgaben

2. Bestimme die Lösungsmenge für $G = \mathbb{Z}$ und führe die Probe durch.
    a) $\quad 8 + (13y + 24) = -(7y + 8)$
    b) $\quad 4z - (2 - 7z) = 3 - (17 - 8z)$
    c) $\quad 200 - (4 + 3x) = (15x - 3) - 17$
    d) $\quad -21{,}4 + (-1{,}2y + 10{,}7) = 1 - (1{,}4y - 8{,}3)$

3. Wie lauten hier die Lösungsmengen für $G = \mathbb{Q}$?
Tipp: Verschachtelte Klammern werden von innen nach außen aufgelöst.
    a) $\quad 100 - [72 - (48 + 8x)] = 2 - [(9x - 6) + (3x + 32)]$
    b) $\quad 120 - [(14a + 3) - (5a - 7)] = -2a - [8 - (7 + 5a)]$

4. Löse ebenfalls in der Menge der rationalen Zahlen.
    a) $\quad \frac{1}{2}x + 35 - \left(\frac{3}{4}x - 18\right) = \left(42 - \frac{2}{3}x\right) + \left(\frac{5}{6}x - 15\right)$
    b) $\quad \left(2\frac{1}{2}z - \frac{1}{2}\right) - 2\frac{5}{6}z = \frac{1}{3} - \left(\frac{2}{3} - \frac{1}{2}z\right)$

Summen multiplizieren

Eine **Summe wird mit einem Faktor multipliziert**,
indem man jeden Summanden mit diesem Faktor multipliziert.

$$m(\overset{\frown}{a + b}) = ma + mb \qquad\qquad m(\overset{\frown}{a - b}) = ma - mb$$

Die Umkehrung dieses Vorgangs heißt **Ausklammern** eines gemeinsamen
Faktors oder kurz **Faktorisieren**.

$$rs + rt = r(s + t) \qquad\qquad xy - xz = x(y - z)$$

Beispiele   a) $4(y + 0{,}1) = 4y + 0{,}4$ b) $(3y - 0{,}5)\cdot(-2) = -6y + 1$
              c) $7{,}5a + 5b = 2{,}5(3a + 2b)$ d) $\frac{3}{2}z - \frac{1}{2}y = \frac{1}{2}(3z - y)$

Zwei **Summen werden miteinander multipliziert**, indem jeder Summand
der ersten Summe mit jedem Summanden der zweiten Summe multipliziert
wird.

$$(\overset{\frown}{a + b})(\overset{\frown}{c + d}) = ac + ad + bc + bd$$

Beispiele   a) $(2x + y)\cdot(3x - 4y) = 2x\cdot 3x + 2x\cdot(-4y) + y\cdot 3x + y\cdot(-4y)$
$$= 6x^2 - 8xy + 3xy - 4y^2$$
$$= 6x^2 - 5xy - 4y^2$$

b)   Hat die folgende Gleichung eine ganzzahlige Lösung?

$(2 - z)(2z + 8) = (z + 1)(10 - 2z)$	Ausmultiplizieren
$4z + 16 - 2z^2 - 8z = 10z - 2z^2 + 10 - 2z \quad\lvert + 2z^2$	Zusammenfassen
$-4z + 16 = 8z + 10 \qquad\qquad\qquad\lvert - 8z - 16$	
$-12z = -6 \qquad\qquad\qquad\qquad\lvert :(-12)$	Variable isolieren
$z = 0{,}5$	Ausrechnen

Probe: $(2 - 0{,}5)\cdot(2\cdot 0{,}5 + 8) = (0{,}5 + 1)\cdot(10 - 2\cdot 0{,}5)$
$$1{,}5\cdot 9 = 1{,}5\cdot 9 \text{ (wahr)}$$
$\Rightarrow 0{,}5$ löst zwar die gegebene Gleichung, aber $L = \{\ \}$, denn $0{,}5 \notin \mathbb{Z}$.

Wenn nicht anders angegeben gilt in den folgenden Aufgaben immer $G = \mathbb{Q}$.

Aufgaben   **5.**   Löse zunächst die Klammern auf, führe dann die Probe durch.
    a) $3(x - 2) = -21$ b) $-4(y - 2) = 24$
    c) $\frac{1}{3}(2z + 5) - (3 - 2z) = 0$ d) $4(r - 7) - (2r - 5) = -(5 - 8r)$

6.   Löse die Aufgaben 5 a) und b) noch einmal. Dividiere zunächst durch
         eine geeignete Zahl, um nicht mehr ausmultiplizieren zu müssen.

7. Löse die Gleichung, indem du zunächst die Klammern ausmultiplizierst.
 a) $3 + 2(3z - 7) = 4(z - 4,5) - 5$
 b) $3x - 6(x - 5) = 9x - 3(8 - x)$
 c) $1,2(y - 1) = 5,2 - 1,4(y - 1)$
 d) $-\frac{3}{4}(b + 4) = 1\frac{1}{2}(2b - 17)$

8. Bestimme die Lösungsmenge und führe die Probe durch.
 a) $(2 - x)(x + 4) = (x + 1)(5 - x)$
 b) $(z - 1)(z - 4) = 2z + (z - 2)(z - 3)$
 c) $-4z(3 - z) = (2z + 5)(2z - 5) + 1$
 d) $(y + 4)(y - 3) + 3(2y - 6) = y(y - 3)$

Binomische Formeln anwenden

Sehr wichtig beim Multiplizieren von Summen sind die binomischen Formeln.
 1. binomische Formel: $(a + b)^2 = a^2 + 2ab + b^2$
 2. binomische Formel: $(a - b)^2 = a^2 - 2ab + b^2$
 3. binomische Formel: $(a + b)(a - b) = a^2 - b^2$

Lerne die Formeln auswendig.

Beispiele

a) $(3x + 4)^2 = (3x)^2 + 2 \cdot 3x \cdot 4 + 4^2 = 9x^2 + 24x + 16$
b) $(y - 3z)^2 = y^2 - 2 \cdot y \cdot 3z + (3z)^2 = y^2 - 6yz + 9z^2$
c) $\left(\frac{1}{2}z + 5\right)\left(\frac{1}{2}z - 5\right) = \left(\frac{1}{2}z\right)^2 - 5 \cdot 5 = \frac{1}{4}z^2 - 25$
d) Hat die folgende Gleichung eine Lösung in $\mathbb{Q}$?

$(2x + 1)^2 = (x - 4)^2 + 3x^2$ Bin. Formeln anwenden
$4x^2 + 4x + 1 = x^2 - 8x + 16 + 3x^2$ $| -4x^2$ Vereinfachen
$4x + 1 = -8x + 16$ $| + 8x - 1$
$12x = 15$ $| : 12$
$x = \frac{5}{4} = 1,25$
Probe: $(2 \cdot 1,25 + 1)^2 = (1,25 - 4)^2 + 3 \cdot 1,25^2$
$3,5^2 = (-2,75)^2 + 4,6875$
$12,25 = 12,25$ (wahr) $\Rightarrow L = \{1,25\}$

Aufgaben

9. Forme die Terme um.
 a) $\left(\frac{1}{2} + 4x\right)^2$ b) $\left(\frac{1}{3}x - 2\right)^2$
 c) $(3r - 0,5)^2$ d) $(1,5y + 5z)(1,5y - 5z)$

10. Löse die Gleichung und führe die Probe durch.
 a) $(6 + y)^2 - 3y = (y + 3)(y - 3)$
 b) $(z - 5)^2 + (z + 3)^2 = (z + 1)^2 + (z - 1)^2 + 8$
 c) $(2x + 1)^2 + (2x - 1)^2 = x(8x - 5)$
 d) $\left(\frac{1}{2}x + \frac{1}{4}\right)^2 + \left(\frac{1}{2}x - \frac{1}{4}\right)^2 = \frac{1}{2}x^2 - 1\frac{1}{4}x$

3 Bruchgleichungen

> Eine Gleichung mit mindestens einer Variablen im Nenner, z. B. $\frac{1}{x+1} = 2$, nennt man **Bruchgleichung**. Zur **Definitionsmenge** D einer Bruchgleichung gehören alle Zahlen der Grundmenge G, für die kein Nenner dieser Bruchgleichung 0 wird.
>
> Im Beispiel $\frac{1}{x+1} = 2$ bedeutet das, dass D nicht die Zahl -1 enthalten darf. Der Nenner würde sonst 0 werden, durch 0 darf aber nicht dividiert werden.

Beispiel Löse in $\mathbb{Q}$: $\frac{2}{y-3} = \frac{6}{y+1}$

1. Definitionsmenge bestimmen

$\mathbb{D} = \mathbb{Q} \setminus \{3; -1\}$, da sonst $(y-3) = 0$ oder $(y+1) = 0$

2. Gemeinsamen Nenner (GN) beider Terme bestimmen GN: $(y-3)(y+1)$

Beide Seiten mit dem GN multiplizieren:

$$\frac{2}{y-3} = \frac{6}{y+1} \qquad\qquad | (y-3)(y+1)$$

$$\frac{2(y-3)(y+1)}{y-3} = \frac{6(y-3)(y+1)}{y+1}$$

anschließend so weit wie möglich kürzen.

3. Gleichung jetzt wie gewohnt lösen:

$$2(y+1) = 6(y-3)$$
$$y = 5$$

4. Probe durchführen

$$\frac{2}{5-3} = \frac{6}{5+1}$$
$$\frac{2}{2} = \frac{6}{6} \text{ (wahr)}$$

5. Prüfen, ob die gefundene Lösung zur Definitionsmenge gehört und L angeben.

$$L = \{5\}$$

Aufgaben **11.** Löse die Bruchgleichung in $\mathbb{Q}$, führe dann die Probe durch.

a) $\frac{4}{5z} - \frac{7}{10z} = \frac{1}{10}$

b) $\frac{x+9}{x+4} = \frac{x+3}{x}$

c) $\frac{6}{y} - \frac{3}{2y} + \frac{4}{3y} = \frac{35}{2}$

d) $\frac{5}{4} - \frac{5x-16}{6x} = \frac{8}{3x} + \frac{7x+12}{15x}$

▲**12.** Fasse zunächst Brüche mit gleichem Nenner zusammen, wenn dieses möglich ist.

a) $\frac{6}{1+x} - \frac{4}{2+x} = \frac{3}{1+x}$

b) $\frac{y}{y-3} = 1 + \frac{12}{y}$

c) $\frac{5}{42-z} = \frac{4}{z} - \frac{5}{42-z}$

d) $\frac{7}{x+5} + \frac{x}{7+x} = \frac{3}{7+x} + \frac{x}{x+5}$

4 Formvariablen und Formeln

Enthält eine Gleichung mehrere Variablen, z.B. $ax + b = cx$, und soll diese Gleichung nach einer dieser Variablen, z.B. x, aufgelöst werden, dann heißt diese Variable **Lösungsvariable**.
Die übrigen Variablen heißen **Formvariablen**.
Du findest hierfür auch die Begriffe **Konstanten** oder **Parameter**.

Gleichungen mit Formvariablen werden ebenfalls durch die Anwendung von Äquivalenzumformungen gelöst.

Beispiel

Für die Oberfläche O eines Quaders gilt die Formel
$$O = 2ab + 2ac + 2bc$$
Diese Formel soll nach der Lösungsvariablen a aufgelöst werden.

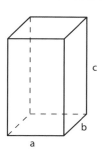

$$2ab + 2ac + 2bc = O \qquad \text{Seitentausch; Lösungsvariable links}$$
$$2ab + 2ac + 2bc = O \qquad |-2bc \qquad \text{Ordnen}$$
$$2ab + 2ac = O - 2bc \qquad \text{Ausklammern von a}$$
$$a(2b + 2c) = O - 2bc \qquad |:(2b + 2c),\ \text{da } (2b + 2c) > 0$$
$$a = \frac{O - 2bc}{2b + 2c}$$

oder auch: $\quad a = \dfrac{O}{2b + 2c} - \dfrac{2bc}{2b + 2c} = \dfrac{O}{2b + 2c} - \dfrac{2bc}{2(b + c)} = \dfrac{O}{2b + 2c} - \dfrac{bc}{b + c}$

Aufgaben

13. Löse die Oberflächenformel aus dem obigen Beispiel nach der Länge der Seite c auf.

14. Die folgenden Formeln zur Flächenberechnung sollen nach der jeweils genannten Lösungsvariablen aufgelöst werden.
   a) $A = \frac{g \cdot h}{2}$; nach h
   b) $A = \frac{a + c}{2} \cdot h$; nach a
   c) $A = (g_1 + g_2) \cdot h \cdot \frac{1}{2}$; nach g_2
   d) $A = \pi r^2 \cdot \frac{\alpha}{180}$; nach α

15. Löse diese Formeln aus der Physik nach der angegebenen Variablen auf.
   a) $f = \frac{5}{9}g + 32$; nach g
   b) $P = \frac{m \cdot a \cdot s}{t}$; nach t
   c) $\frac{n_1}{n_2} = \frac{M_2}{M_1}$; auflösen nach n_2
   d) $\frac{1}{R_G} = \frac{1}{R_1} + \frac{1}{R_2}$; auflösen nach R_1

Tipp zu b) und c): Multipliziere zunächst mit der Lösungsvariablen.

5   Textaufgaben

In **Textaufgaben** wird die Abhängigkeit von Zahlen und Größen durch Worte (Texte) ausgedrückt. Das Übersetzen dieses Textes in die mathematische Sprache der Algebra nennt man das **Aufstellen einer Gleichung**.

Lösungsplan für Textaufgaben
- Lies den Aufgabentext mehrmals durch.
- Was ist gegeben? Markiere wichtige Textstellen, beachte alle Einzelheiten.
- Was ist gesucht? Wonach wird gefragt? Wähle hierfür die Variable x.
- Lege eine Übersicht (Tabelle) an.
  Trage hier die Terme und die Beziehungen zwischen den Termen ein.
- Stelle mit Hilfe dieser Terme eine Gleichung auf. Achte auf Gleichheit.
- Löse diese Gleichung.
- Überlege, ob die Lösung der Gleichung bereits das Endergebnis ist.
- Kontrolliere das Ergebnis am Aufgabentext.
- Schreibe einen Antwortsatz.

Zahlenrätsel

Beispiel Multipliziert man die Summe aus dem Vielfachen einer natürlichen Zahl und 16 mit 6, so erhält man 168. Wie heißt die Zahl?

(1) Gesuchte Zahl: x
(2) Das Vierfache dieser Zahl: $4x$
(3) Summe aus dem Vierfachen und 16: $4x + 16$
(4) Summe multipliziert mit 6: $(4x + 16) \cdot 6$
(5) … man erhält 168: $= 168$
(6) Gleichung daraus aufstellen: $(4x + 16) \cdot 6 = 168$
(7) Gleichung wie üblich lösen: $x = 3$
(8) Probe am Aufgabentext: Multipliziert man die Summe aus $4 \cdot 3$ und 16 mit 6, so erhält man 168 (wahr).
(9) Antwort: Die gesuchte Zahl lautet 3 $(3 \in \mathbb{N})$.

Aufgaben   **16.**   Das Zweifache einer um 1 vergrößerten ganzen Zahl ist um 4 kleiner als das Dreifache dieser Zahl.

17.   Die Summe von drei aufeinander folgenden ganzen Zahlen ist -3.
Wie lauten die drei ganzen Zahlen?

18. Der Zähler einer Bruchzahl ist um 8 größer als der Nenner. Vermehrt man Zähler und Nenner um 4, so entsteht der Bruch $\frac{5}{7}$.

19. Die Zahl 279 wird in zwei Summanden zerlegt. Dividiert man einen Summanden durch 4 und den anderen Summanden durch 7, so ergibt die Summe der beiden Quotienten 57.
Wie lauten die beiden Summanden?

▲20. Die Summe aus einer gesuchten ganzen Zahl und 4 wird multipliziert mit der Differenz aus dieser ganzen Zahl und 4. Vermehrt man das Produkt um 2, so ergibt sich das Quadrat der gesuchten Zahl vermehrt um das Siebenfache der gesuchten Zahl.

Geometrie

In einem Rechteck ist eine Seite um 5 cm länger als die andere. Wenn man die kürzere Seite um 4 cm verlängert und die längere um 1 cm, so entsteht ein neues Rechteck. Dieses hat einen Flächeninhalt, der 144 cm^2 größer ist als der des ursprünglichen Rechtecks. Welche Seitenlängen haben beide Rechtecke?

Beispiel

1. Kurze Seite des ursprünglichen Rechtecks: Lösungsvariable x

2. Skizze anlegen: ursprüngliches Rechteck, neues Rechteck; und Seiten benennen:

ursprüngliches Rechteck
$A = x \cdot (x + 5)$ x
$x + 5$

3. Flächeninhalt ursprüngliches Rechteck: $x(x + 5)$

4. Flächeninhalt neues Rechteck: $(x + 4)(x + 6)$

neues Rechteck
$A = (x + 6) \cdot (x + 4)$ x + 4
$(x + 5) + 1$

5. Gleichung aufstellen:
$x(x + 5) = (x + 4)(x + 6) - 144$
oder: $x(x + 5) + 144 = (x + 4)(x + 6)$

6. Gleichung wie üblich auflösen: $x = 24$

7. Lösung am Text überprüfen: $A_{(Rechteck)} = 24\,cm \cdot 29\,cm = 696\,cm^2$; $A_{(neues\ Rechteck)} = 28\,cm \cdot 30\,cm = 840\,cm^2 = 696\,cm^2 + 144\,cm^2$ (wahr).

8. Antwort: Das ursprüngliche Rechteck hat die Seitenlängen 24 cm und 29 cm, das neue Rechteck hat die Seitenlängen 28 cm und 30 cm.

Aufgaben

21. Die beiden Seiten eines Rechtecks unterscheiden sich um 3 cm. Verlängert man die längere Seite um 7,5 cm und verkürzt die kürzere Seite um 4 cm, so haben beide Rechtecke den gleichen Flächeninhalt. Ist der Umfang beider Rechtecke auch gleich groß?

22. Ein rechteckiger Bauplatz ist viermal so lang wie breit. Er hat dieselbe Größe wie ein Bauplatz, der 15 m länger, aber 3 m schmaler ist. Für welches Grundstück wird mehr Zaun benötigt?

23. Ein Brückenpfeiler steht wegen des weichen Untergrunds zu einem Drittel seiner Gesamtlänge im Boden. 24 m des Pfeilers sind sichtbar. Wie lang ist der Pfeiler insgesamt?

24. Ein großer Leuchtbuchstabe soll hergestellt werden.

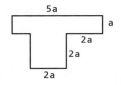

    a) Stelle die beiden Formeln auf, um Flächeninhalt und Umfang berechnen zu können.

    b) Wie groß muss a gewählt werden, wenn der Flächeninhalt 3600 cm² betragen soll?

Mischungsrechnen

Beispiel In einem Labor wird Alkohol in verschiedener Konzentration benötigt. 870 cm³ 32%iger Alkohol sollen mit der notwendigen Menge 72%igem Alkohol gemischt werden, sodass 42%iger Alkohol zur Verfügung steht. Welche Menge 72%igen Alkohols ist notwendig?

1. Lösungsvariable x: Gesuchte Menge 72%iger Alkohol.
2. Darstellung der Informationen in einer übersichtlichen Tabelle:

Sorte	Volumen	Alkoholanteil
A: 32%iger Alk.	870 cm³	32 % von 870 cm³ = $0{,}32 \cdot 870$ cm³
B: 72%iger Alk.	x cm³	72 % von x cm³ = $0{,}72 \cdot x$ cm³
C: 42%iger Alk.	(870 + x) cm³	42 % von (870 + x) cm³ = $0{,}42 \cdot (870 + x)$ cm³

Das Zusammenschütten der beiden Sorten A und B ergibt Mischung C.

3. Also kann die Gleichung aufgestellt und gelöst werden:

$$0{,}32 \cdot 870 \, \text{cm}^3 + 0{,}72 \cdot x \, \text{cm}^3 = 0{,}42 \cdot (870 + x) \, \text{cm}^3$$

Die Einheiten kannst du jetzt weglassen:

$$0{,}32 \cdot 870 + 0{,}72 \cdot x = 0{,}42 \cdot (870 + x)$$
$$278{,}4 + 0{,}72x = 365{,}4 + 0{,}42x$$
$$0{,}3x = 87{,}0$$
$$x = 290$$

4. Probe
    1. $0{,}32 \cdot 870 \, \text{cm}^3 + 0{,}72 \cdot 290 \, \text{cm}^3 = 278{,}4 \, \text{cm}^3 + 208{,}8 \, \text{cm}^3 = 487{,}2 \, \text{cm}^3$
    2. $0{,}42 \cdot (870 + 290) \, \text{cm}^3 = 487{,}2 \, \text{cm}^3$

5. Die Lösung stimmt, denn in beiden Fällen ergibt sich derselbe Alkoholgehalt.
6. Antwort: Es sind 290 cm³ des 72%igen Alkohols erforderlich.

25. 40 ℓ einer 30%igen Salzsäure werden mit 20 ℓ einer 90%igen Salzsäure gemischt. Welchen Säuregehalt hat die Mischung?

26. Ein Chemiker hat 80%ige und 43%ige Schwefelsäure zur Verfügung. Er benötigt 700 mℓ 50%ige Schwefelsäure. Wie viel mℓ muss er von jeder Sorte nehmen?

27. Im Süßwarengeschäft werden für 25 kg einer Weingummimischung drei Sorten ausgewählt: 12 kg von Sorte A zu 1,50 € pro 100 g, 8 kg von Sorte B zu 2,00 € pro 100 g, den Rest von Sorte C. Wie viel darf Sorte C pro 100 g kosten, wenn 100 g der Mischung 1,80 € kosten sollen?

28. Wieviel dm³ Wasser müssen zu 1,2 dm³ einer 8%igen Kochsalzlösung gegosssen werden, damit eine 5%ige Kochsalzlösung zur Verfügung steht?

Bewegungsaufgaben

Marcel und sein jüngerer Bruder Julian trainieren für einen Laufwettbewerb. Marcel läuft 6,5 m pro Sekunde, Julian legt 6 m in der Sekunde zurück. Marcel gibt Julian einen Vorsprung von 75 m. Wann und nach wie vielen Metern holt Marcel Julian ein?

1. Lösungsvariable x: Anzahl der Sekunden bis zum Einholpunkt P.
2. Skizze für die Situation:

3. Am Einholpunkt P ist die insgesamt zurückgelegte Strecke von Julian genauso groß wie die von Marcel.
4. Also lässt sich die Gleichung aufstellen: $75\,\text{m} + 6\frac{\text{m}}{\text{s}} \cdot x\,\text{s} = 6,5\frac{\text{m}}{\text{s}} \cdot x\,\text{s}$
5. Lösung der Gleichung:

$$75 + 6x = 6,5x$$
$$0,5x = 75$$
$$x = 150$$

6. Probe: Julian läuft: $75\,\text{m} + 6\frac{\text{m}}{\text{s}} \cdot 150\,\text{s} = 75\,\text{m} + 900\,\text{m} = 975\,\text{m}$

Marcel läuft: $6,5\frac{\text{m}}{\text{s}} \cdot 150\,\text{s} = 975\,\text{m}$

7. Antwort: Marcel holt Julian nach 150 Sekunden ein. Die zurückgelegte Strecke beträgt dann für beide 975 m.

Aufgaben   **29.**   Die beiden Brüder Marcel und Julian fahren täglich mit dem Fahrrad zur Schule. Julian fährt durchschnittlich mit 21 km pro Stunde, Marcel legt etwa 27 km pro Stunde zurück. Obwohl Marcel erst 10 Minuten später als Julian losfährt, kommen beide doch gleichzeitig in der Schule an.
a)   Wie lange ist Marcel unterwegs?
b)   Wie weit ist es bis zur Schule?

▲**30.**   Zwei Flugzeuge begegnen sich auf der Strecke Hamburg – New York über dem Atlantik. Die eine Maschine fliegt 120 km pro Stunde schneller als die andere. Eine Viertelstunde nach ihrer Begegnung sind sie bereits 450 km voneinander entfernt.
Mit welcher Geschwindigkeit fliegen sie jeweils?

6   Test

31.   Ermittle die Lösung (1) in $\mathbb{Z}$ und (2) in $\mathbb{Q}$.
a) $8 + (13y - 56) = -(7y + 8)$
b) $1,5 - (8,5 - 4x) = 2x - (1 - 3,5x)$
c) $\frac{1}{4}\left(3a - \frac{2}{3}\right) = \frac{1}{3}$
d) $(y - 3)(y + 7) = y^2 + 3$

32.   Löse in der Menge der rationalen Zahlen und führe die Probe durch.
a) $(x - 4)^2 - x^2 = 6x - 4(3x + 2)$
b) $(y + 1)^2 - 15 = 24 + (y - 2)^2$

33.   Finde fünf aufeinander folgende ganze Zahlen, deren Summe -5 ist.

34.   Bestimme den Definitionsbereich und löse die Bruchgleichung in $\mathbb{Q}$.
a) $\frac{4}{3x} + \frac{1}{x} = 1\frac{1}{6}$ b) $\frac{y + 3}{y - 6} = \frac{y - 2}{y - 5}$

35.   Löse die Formeln nach der genannten Variablen auf.
a) $z = \frac{k \cdot p \cdot t}{100 \cdot 360}$; p   b) $\frac{1}{a} = \frac{1}{2}\left(\frac{1}{b} + \frac{1}{c}\right)$; b

36.   Vergrößert man die Kantenlänge eines Würfels um 1 cm, so vergrößert sich seine Oberfläche um 24 cm².
Wie groß ist die ursprüngliche Kantenlänge?

37.   Der Teeladen in Nicoles Nachbarschaft führt drei Sorten Roibostee: Sorte A: 19,00 € pro kg; Sorte B: 21,00 € pro kg; Sorte C: 24,50 € pro kg. Nicole lässt sich 500 g einer Mischung aus allen drei Sorten herstellen und bezahlt insgesamt 11,00 €. Wieviel g der Sorten A und C enthält ihre Mischung, wenn 200 g der Sorte B dabei sind?

B Lineare Gleichungssysteme

1 Lineare Gleichungen mit zwei Variablen

Gleichungen der Form $ax + by = c$ heißen
lineare Gleichungen mit zwei Variablen (x und y).
Grundmenge sind im allgemeinen die rationalen Zahlen.

Die Lösungsmenge dieser Gleichungen besteht aus unendlich vielen
geordneten Zahlenpaaren (x|y). Jede Lösung (x|y) entspricht einem Punkt
(x|y) in einem x-y-Koordinatensystem. Alle diese Punkte liegen auf einer
Geraden, diese ist der Graph (das Bild) der Lösungsmenge.

Bestimme fünf Lösungen der Gleichung $3x - 2y = 4$.

Beispiel 1

1. Löse die Gleichung nach y auf.
$$3x - 2y = 4$$
$$y = 1,5x - 2$$

2. Setze jetzt für x Zahlen ein und ermittle die zugeordneten y-Werte.
z. B. $x = 2$: $y = 1,5 \cdot 2 - 2 = 1$
z. B. $x = 1$: $y = 1,5 \cdot 1 - 2 = -0,5$ usw.

3. Stelle die gefundenen Lösungspaare übersichtlich in einer Tabelle dar.

x	2	1	0	−1	−2
y	1	−0,5	−2	−3,5	−5

4. Zeichne die gefundenen Zahlenpaare als Punkte in ein Koordinatensystem ein und zeichne eine Gerade durch die Punkte.
Der Graph hat die Geradengleichung
$$y = 1,5x - 2$$

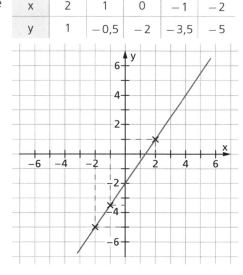

5. Weitere Lösungspaare kannst du jetzt vom Graphen ablesen.

Zum Zeichnen des Graphen genügen zwei Lösungspaare.
Nimmst du ein drittes Paar hinzu, kannst du deine Rechnung
und den Verlauf der Geraden überprüfen.

Tipp

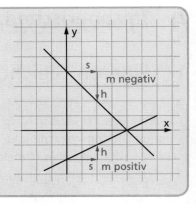

Eine Funktion, deren Graph eine Gerade ist, heißt **lineare Funktion**.
Ihre **Funktionsgleichung** hat die Form
$$y = mx + c \text{ mit } m, c \in \mathbb{Q}$$
Der Graph verläuft durch den Punkt $(0|c)$ der y-Achse und hat die **Steigung m**.
Die Steigung kann mithilfe des Steigungsdreiecks gezeichnet werden.
$$\text{Steigung } m = \frac{\text{Höhendifferenz(h)}}{\text{Seitendifferenz(s)}}$$

Beispiel 2   Zeichne die Lösungsgerade der Gleichung $6x + 2y = 4$ mithilfe des Steigungsdreiecks.

1.   Forme die Gleichung in die Geradengleichung $y = mx + c$ um.
$$6x + 2y = 4 \Rightarrow 2y = 4 - 6x \Rightarrow y = -3x + 2$$

2.   Zeichne den Graphen: Da $c = 2$, wird $(0|2)$ auf der y-Achse markiert. $m = -3 = \frac{-3}{1} = \frac{h}{s}$ bedeutet: Von $(0|2)$ aus um 1 nach rechts (s) und um -3 nach unten (h).

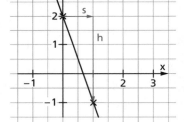

3.   Zeichne die Gerade durch die Punkte $(0|2)$ und $(1|-1)$.

4.   Berechne einen Kontrollpunkt.
z. B. $x = 2$ ergibt $y = -3 \cdot 2 + 2 = -4$

Tipp   Die Gleichungsschreibweise in der Form $y = mx + c$ nennt man Normalform der Geradengleichung.

Aufgaben

1.   Zeichne die Graphen in ein Koordinatensystem.
a) $y = 4x - 3$ b) $y = \frac{1}{2}x + 3$
c) $y = -0,5x - 1$ d) $y = -1\frac{2}{3}x + 5$

2.   Eine Gerade verläuft durch $P(-1|3)$ und $Q(4|-7)$.
a)   Bestimme die Geradengleichung.
b)   Notiere die Gleichung von zwei Geraden, die parallel zu dieser verlaufen.
Tipp: Bestimme zunächst m mit einem geeigneten Steigungsdreieck.

3.   Zeichne die Lösungsgraphen in ein Koordinatensystem.
a) $2y - x - 3 = 0$ b) $8x + 4y = 8$ c) $2(x + y) = -x + 3y$

4.   Gegeben ist $y = ax + 3$. Wie verläuft der Graph für $a > 0$, $a < 0$, $a = 0$?

2   Zeichnerische Lösung von LGS

Zwei lineare Gleichungen mit den gleichen zwei Variablen (z. B. x und y) bilden zusammen ein **lineares Gleichungssystem (LGS)**. Ein Zahlenpaar (x|y) ist Lösung dieses LGS, wenn es jede der beiden Gleichungen erfüllt. Zeichnet man die zu beiden Gleichungen gehörenden Geraden, gibt es genau drei Möglichkeiten:

1. Die beiden **Geraden schneiden sich**: Das LGS ist eindeutig lösbar. Die Koordinaten des Schnittpunkts bilden das Zahlenpaar der Lösungsmenge.
2. Die beiden **Geraden verlaufen parallel zueinander**: Das LGS hat keine Lösung, die Lösungsmenge ist leer.
3. Die beiden **Geraden sind identisch** (Doppelgerade): Das LGS hat unendlich viele Lösungen.

Beispiel

Löse das LGS zeichnerisch.
(1) $2x + 2y = 6$; (2) $6x - 4y = -2$

1. Löse beiden Gleichungen nach y auf:
   (1) $y = -x + 3$
   (2) $y = 1,5x + 0,5$
2. Zeichne die beiden Graphen.
3. Lies die Lösung ab: $S(1|2)$
   (Koordinaten des Schnittpunkts).
4. Überprüfe die Werte durch Einsetzen in die Gleichungen.
   (1) $2 \cdot 1 + 2 \cdot 2 = 6$ (wahr)
   (2) $6 \cdot 1 - 4 \cdot 2 = -2$ (wahr)
5. Gib die Lösungsmenge an. $L = \{(1|2)\}$

Aufgaben

5. Löse das LGS zeichnerisch und führe die Proben durch.
   a) $2x + 3y = 12$ b) $3x + 3y = 9$ c) $6x - 4y = -2$
       $3x - 3y = 3$ $2x + 2y = 2$ $3x - 2y = -1$
   Tipp: Setze die Lösungen immer in die Ausgangsgleichung ein.

Löse die folgenden drei Aufgaben ebenfalls zeichnerisch.

6. Für welche ganzen Zahlen gilt: Die Summe zweier Zahlen ist 5, ihre Differenz ist ebenfalls 5?

7. Ein Gästehaus bietet Zweibettzimmer und Dreibettzimmer an. Die 8 Zimmer verfügen über insgesamt 18 Betten.

8. Frau Hinz vergleicht die Kontoführungsgebühren von zwei Banken. Die K-Bank verlangt eine Monatsgebühr von 5,–€ zuzüglich 0,10€ pro Buchung; die L-Bank berechnet monatlich 4,–€ plus 0,25€ pro Buchung. Für welche Bank sollte Frau Hinz sich entscheiden?

▲ **9.** Gegeben ist das LGS (1) $y + ax = -4$ (2) $y - 3x = c$. Ersetze die Formvariablen a und c durch geeignete rationale Zahlen, sodass die Geraden
   a) parallel verlaufen
   b) eine Doppelgerade bilden
   c) den Schnittpunkt $(-1 \mid -3)$ haben.

3   Rechnerische Lösung von LGS

Um ein LGS rechnerisch zu lösen, bieten sich drei Verfahren an.
Bei allen Verfahren ist es das Ziel, aus zwei Gleichungen mit zwei Variablen eine Gleichung mit einer Variablen zu gewinnen. Setzt man diese Lösung dann in eine der Gleichungen ein, kann die fehlende Variable bestimmt werden.

Beim **Gleichsetzungsverfahren** werden beide Gleichungen nach der gleichen Variablen aufgelöst. Die beiden rechten Gleichungsseiten können dann gleichgesetzt werden.

Beispiel 1   Löse mit dem Gleichsetzungsverfahren.   (1) $2y - 6x = -10$
(2) $3y - 12x = -27$

1. Löse beide Gleichungen nach y auf:
   (1) $y = 3x - 5$ (2) $y = 4x - 9$
2. Setze die rechten Seiten gleich und löse nach x auf:
   $3x - 5 = 4x - 9$
   $x = 4$
3. Setze $x = 4$ in (1) oder (2) ein und löse nach y auf:
   (1) $2y - 6 \cdot 4 = -10$
   $y = 7$
4. Überprüfe die Werte durch Einsetzen in die Gleichungen und gib die Lösungsmenge an:
   (1) $2 \cdot 7 - 6 \cdot 4 = -10$ (wahr)
   (2) $3 \cdot 7 - 12 \cdot 4 = -27$ (wahr)
   $L = \{(4 \mid 7)\}$

10. Löse das LGS mit dem Gleichsetzungsverfahren.

a) $y - 5x = -23$ b) $x + 9y = 70$ c) $3x + 3y = 15$

$y + 11 = 3x$ $2x - 28 = -2y$ $18y + 2x = 42$

Tipp: Überlege immer erst, ob es leichter ist, nach x oder y aufzulösen.

11. Löse ebenfalls mit dem Gleichsetzungsverfahren.

a) $9y - 3x = 21$ b) $2x + 3y = 5$ c) $\frac{1}{4}x + \frac{1}{3}y = -3$

$-x + 5y = 25$ $3x - 4y = -18$ $\frac{1}{2}y + x = 8$

Tipp: Du kannst beide Gleichungen auch nach dem Vielfachen einer Variablen auflösen und dann gleichsetzen.

12. Welches dieser Gleichungssysteme besitzt keine Lösung, eine Lösung oder unendlich viele Lösungen?

a) (1) $3x - 2y + 11 = 0$

(2) $2x - 3y + 9 = 0$

b) (1) $-2x + 5y - 10 = 0$

(2) $4x - 10y + 20 = 0$

c) (1) $6x - 2y - 8 = 0$

(2) $y - 3x + 3 = 0$

Beim **Einsetzungsverfahren** wird eine Gleichung nach einer Variablen aufgelöst. Den erhaltenen Term setzt man dann in der anderen Gleichung für die gewählte Variable ein.

Löse mit dem Einsetzungsverfahren. (1) $6x + 10y = 68y$ '

(2) $11x + y = 12$

1. Löse (2) nach y auf: (1) $y = 12 - 11x$
2. Setze den Term für y aus (2) ein für y in (1) und löse die Gleichung nach x auf: $6x + 10(12 - 11x) = 68$

$$-104x = -52$$
$$x = 0,5$$

3. Setze $x = 0,5$ in (1) oder (2) ein und löse nach y auf:

(1) $6 \cdot 0,5 + 10y = 68$
$$y = 6,5$$

4. Gib nach der Probe die Lösungsmenge an: $L = \{(0,5 \,|\, 6,5)\}$

13. Löse das LGS mit dem Einsetzungsverfahren.

a) $2x - 7y = 4$ b) $8x - 2y = -34$ c) $3y - 4x = 6$

$5x + y = 10$ $5x - y = -21$ $\frac{1}{2}x + y = 2$

14. Ein gleichschenkliges Dreieck hat einen Umfang von 64 cm. Ein Schenkel ist 8 cm länger als die Basis. Wie lang sind die Schenkel des Dreiecks?

15. Löse das LGS durch Einsetzen.

a) $12y - 9x = -18$ b) $2x - 6 = \frac{1}{2}y$ c) $\quad\quad 2x - 4y = -12$
$\quad\quad 6y - 6 = 2x$ $\quad\quad x + \frac{3}{4}y = 11$ $\quad\quad 0{,}8x - 0{,}3y = 3$

Tipp: Löse nach dem Vielfachen einer Variablen auf.

> Beim **Additionsverfahren** addiert man zunächst beide Gleichungen, so dass dabei eine der Variablen eliminiert (beseitigt) wird. Die zweite Variable lässt sich dann wie bei den anderen Verfahren berechnen.

Beispiel 3 Löse mit dem Additionsverfahren. (1) $3x - 8y = -1$
$\quad\quad\quad\quad\quad\quad\quad\quad\quad\quad\quad\quad\quad$ (2) $4x - 6y = 8$

1. x soll beseitigt werden. Multipliziere deshalb so, dass die Faktoren (Koeffizienten) der gewählten Variablen Gegenzahlen sind.

   (1) $\quad\quad 3x - 8y = -1$ $\quad\quad\quad | \cdot 4$
   (2) $\quad\quad 4x - 6y = 8$ $\quad\quad\quad | \cdot(-3)$

   (1) $\quad\quad 12x - 32y = -4$
   (2) $\quad -12x + 18y = -24$

2. Addiere beide Gleichungsseiten und löse dann nach y auf:

   $12x - 12x - 32y + 18y = -4 - 24$
   $\quad\quad\quad\quad -32y + 18y = -28$
   $\quad\quad\quad\quad\quad\quad\quad -14y = -28$
   $\quad\quad\quad\quad\quad\quad\quad\quad\quad y = 2$

3. Setze $y = 2$ in (1) oder (2) ein und löse nach x auf:

   (1) $3x - 8 \cdot 2 = -1$
   $\quad\quad\quad\quad x = 5$

4. Führe die Probe durch und gib die Lösungsmenge an. $L = \{(2\,|\,5)\}$

Aufgaben **16.** Löse die Beispielaufgabe noch einmal, indem du mithilfe des Additionsverfahrens zunächst die Variable y eliminierst.

▲**17.** Löse das LGS mit dem Additionsverfahren.

a) $8x - 6y = 4$ $\quad\quad\quad\quad\quad\quad$ b) $4x + 3y = 37$
$\quad\ 7x - 5y = 6$ $\quad\quad\quad\quad\quad\quad\quad\ \ 3x + 4y = 40$

c) $\frac{1}{4}x + \frac{1}{2}y = 1$ $\quad\quad\quad\quad\quad$ d) $0{,}7x + 0{,}4y = -0{,}2$
$\quad\ \frac{1}{4}x - \frac{1}{4}y = -5$ $\quad\quad\quad\quad\quad\ \ 0{,}3x + 0{,}8y = 1{,}8$

▲**18.** Löse die LGS mit einem Verfahren deiner Wahl.

a) $\frac{x}{4} + \frac{y}{3} = 1$

$\frac{x}{8} - \frac{y}{2} = -\frac{1}{2}$

b) $\frac{x+5}{5} = \frac{y+9}{6}$

$\frac{x-1}{4} = \frac{y-1}{2}$

c) $\frac{1}{x+1} = \frac{2}{y+5}$

$\frac{21}{x-1} = \frac{14}{y-3}$

d) $\frac{8}{2-3x} = \frac{8}{3y-1}$

$\frac{-3}{2x+1} = \frac{5}{2y-4}$

4   Test

19. Löse die linearen Gleichungen nach y auf und zeichne ihre Geraden in ein Koordinatensystem.

a) $3x - 18 = 6y$ b) $2y - 2 = -\frac{2}{3}x$ c) $0,5x - 0,25y = 1$

20. Stelle eine lineare Gleichung mit zwei Variablen auf und zeichne den Graphen der Lösungsmenge: Die Summe aus dem Dreifachen einer Zahl und dem Vierfachen einer anderen Zahl ergibt 4.

21. Ein 20-€-Schein wird in 1-€-Münzen und 10-Cent-Münzen gewechselt. Die Anzahl der 1-€-Münzen ist um 35 kleiner als die der 10-Cent-Münzen.

22. Die beiden Geraden g und h eines LGS verlaufen durch die Punkte $G_1(3|7)$ und $G_2(-1|-1)$ bzw. durch die Punkte $H_1(-1|8)$ und $H_2(7|0)$.

a) Wie lauten die beiden Geradengleichungen?

b) Welche Lösung hat das LGS?

23. Löse das LGS mit einem Verfahren deiner Wahl.

a) $4,5x + y = 6$

$0,25x + 0,5y = -3$

b) $2x - 1\frac{1}{3}y = -8$

$\frac{1}{5}x + 2y = -4$

24. Löse das LGS.

$(y + 5)^2 + 4(x - 4) = y^2 + 29$

$(x - 3)^2 + 3(y + 5) = x^2 + 48$

25. Mischt man 15 g Gold einer Sorte mit 30 g einer anderen Sorte, so erhält man eine Legierung mit dem Feingehalt 800. Mischt man aber 30 g der ersten Sorte mit 15 g der zweiten Sorte, so hat die Legierung einen Feingehalt von 750. Welchen Feingehalt haben beide Sorten?

Tipp: Feingehalt 325 bedeutet, dass $\frac{325}{1000}$ der Gesamtmenge reines Gold ist.

C Quadratische Funktionen und quadratische Gleichungen

1 Die Funktion f(x) = a x²

Die Funktion $x \mapsto ax^2$, $x \in \mathbb{R}$ mit $a \neq 0$ heißt **quadratische Funktion**. Ihre Funktionsgleichung lautet $f(x) = ax^2$ bzw. $y = ax^2$.

Der Graph ist eine **Parabel** mit dem **Scheitelpunkt** $S(0|0)$. Für $a > 0$ ist die Parabel nach oben, für $a < 0$ nach unten geöffnet. Für $a = 1$ heißt der Graph **Normalparabel**. Für $|a| > 1$ verläuft der Graph schmaler als die Normalparabel, für $0 < |a| < 1$ verläuft er breiter als die Normalparabel. Die Definitionsmenge D ist im Allgemeinen die Menge der reellen Zahlen $\mathbb{R}$.

Beispiele Zeichne die Graphen zu a) $f(x) = x^2$, b) $f(x) = \frac{1}{2}x^2$, c) $f(x) = -2x^2$ in ein Koordinatensystem und beschreibe sie.

1. Lege eine Wertetabelle an.

x	a)	b)	c)
-2	4	2	-8
-1	1	0,5	-2
0	0	0	0
1	1	0,5	-2
2	4	2	-8

2. Zeichne die Graphen.

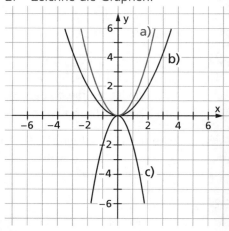

3. Beschreibe die Graphen:
   a) Dieser Graph ist die Normalparabel.
   b) Diese Parabel ist nach oben geöffnet, weil der Faktor vor x^2 positiv ist. Sie ist breiter als die Normalparabel, weil der Betrag des Faktors kleiner als 1 ist.
   c) Die Parabel ist nach unten geöffnet, weil der Faktor vor x^2 negativ ist. Sie ist schmaler als die Normalparabel, weil der Betrag des Faktors größer als 1 ist.

1. Zeichne die Graphen und beschreibe sie.

a) $f(x) = \frac{3}{2}x^2$ b) $f(x) = -\frac{1}{2}x^2$

2. Wie entsteht die Parabel der Funktion $f(x) = -3x^2$ aus der Normalparabel? Zeichne den Graphen.

3. Die Parabel mit der Gleichung $y = ax^2$ verläuft durch den Punkt P. Gib die dazu gehörende Funktionsgleichung an.

a) $(1|5)$ b) $(-1|0,5)$ c) $(-4|-8)$ d) $(-0,5|2)$

Tipp: Berechne den Wert des Faktors a, indem du die Koordinaten von P in die Gleichung einsetzt.

4. Die Punkte P und Q liegen auf der Parabel zu $f(x) = ax^2$. Gib die Funktionsgleichung an und bestimme die fehlende Koordinate von Q.

a) $P(2|6)$; $Q(-1|\square)$ b) $P(-0,5|-1)$; $Q(\square|-16)$

c) $P(5|-2,5)$; $Q(\square|0,5)$

5. Wenn ein Stein senkrecht fällt, gilt auf der Erde annähernd das Gesetz $s = 4,9t^2$ und auf dem Mond $s = 0,8t^2$. Dabei ist t die Zeit in Sekunden und s der zurückgelegte Weg in Metern.

a) Zeichne beide Graphen für Fallzeiten von 0 bis 8 Sekunden.

b) Vergleiche, nach welcher Zeit ein Stein 50 m tief gefallen ist.

2   Die Funktion $f(x) = ax^2 + bx + c$ und ihre Scheitelpunktform $f(x) = a(x-d)^2 + e$

Jede Funktionsgleichung $f(x) = ax^2 + bx + c$ lässt sich auf die **Scheitelpunktform** $f(x) = a(x-d)^2 + e$ bringen.

Der Graph der zugehörigen Funktion ist eine Parabel. Für $a > 0$ ist der Scheitelpunkt $S(d|e)$ der kleinste Funktionswert (das Minimum); für $a < 0$ ist $S(d|e)$ der größte Funktionswert (das Maximum) der Parabel.

Die Schnittpunkte der Parabel mit der x-Achse haben die Koordinaten $(x_1|0)$ und $(x_2|0)$; x_1 und x_2 heißen **Nullstellen** der Funktion. Sie können bei gezeichnetem Graphen abgelesen werden. Rechnerisch bestimmt man die Nullstellen, indem die Gleichung $0 = ax^2 + bx + c$ gelöst wird (siehe Seite 28).

Beispiel 1

Forme die Funktionsgleichung $y = x^2 + 3x - 1$ in die Scheitelpunktform um und zeichne den Graphen der Funktion.

1. Funktionsgleichung:
   $$y = x^2 + 3x - 1$$
2. Quadratische Ergänzung bilden,
   $$\left(\tfrac{3}{2}\right)^2 = 1{,}5^2 = 2{,}25$$
   addieren und wieder subtrahieren:
   $$y = x^2 + 3x + 2{,}25 - 2{,}25 - 1$$
3. Binomische Formel anwenden:
   $$y = (x + 1{,}5)^2 - 2{,}25 - 1$$
4. Scheitelpunktform bestimmen:
   $$y = (x + 1{,}5)^2 - 3{,}25$$

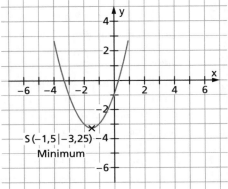

Der Graph ist eine verschobene Normalparabel; Scheitelpunkt $S(-1{,}5 \mid -3{,}25)$.

Beispiel 2

Zeichne den Graphen der Funktion $f(x) = 0{,}5x^2 - 3x + 2{,}5$ und lies das Minimum und die Nullstellen ab.

1. Funktionsgleichung: $y = 0{,}5x^2 - 3x + 2{,}5$
2. $a = 0{,}5$ ausklammern: $y = 0{,}5(x^2 - 6x + 5)$
3. Quadratische Ergänzung bilden
   $\left(-\tfrac{6}{2}\right)^2 = 3^2 = 9$ $y = 0{,}5(x^2 - 6x + 9 - 9 + 5)$
4. Binomische Formel anwenden: $y = 0{,}5[(x - 3)^2 - 9 + 5]$
5. Zusammenfassen: $y = 0{,}5[(x - 3)^2 - 4]$
6. Auflösen der äußeren Klammer führt zur Scheitelpunktform:
   $$y = 0{,}5(x - 3)^2 - 2$$

Der Graph ist eine mit dem Faktor 0,5 gestauchte Parabel, die nach oben geöffnet ist ($a > 0$) und den Scheitelpunkt $S(3 \mid -2)$ besitzt. Dieser ist auch das Minimum der Funktion. Der Graph hat zwei Nullstellen $N_1(1 \mid 0)$ und $N_2(5 \mid 0)$.

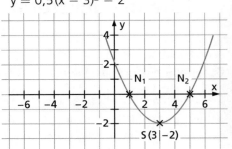

Aufgaben

6. Forme in die Scheitelpunktform um, zeichne den Graphen und lies die Nullstellen ab.
   a) $f(x) = x^2 + 2x - 8$
   b) $f(x) = 3x^2 - 12x + 9$
   c) $f(x) = 2x^2 + 4x - 6$
   d) $f(x) = \tfrac{1}{2}x^2 - x$

7. Der Graph der Funktion $f(x) = ax^2 + bx + c$ mit dem Scheitelpunkt S verläuft durch den Punkt P. Wie lautet die Funktionsgleichung?
   a) $S(3|-6)$; $P(1|2)$ b) $S(-2|3)$; $P(2|-5)$

8. Eine Parabel verläuft durch die Punkte $A(0|3)$, $B(2|1)$ und $C(-2|9)$. Wie lautet die Funktionsgleichung?
   Tipp: Durch Einsetzen in $y = ax^2 + bx + c$ erhältst du drei lineare Gleichungen mit den Variablen a, b und c. Bestimme zunächst c.

▲9. Gegeben sind die Parabel $f(x) = 3x^2 - 12x + 11$ und eine Gerade, die durch den Scheitelpunkt der Parabel und den Punkt $P(-1|5)$ verläuft. Wie lautet die Geradengleichung? Zeichne beide Graphen zur Kontrolle.

▲10. Bilde das Produkt aus einer reellen Zahl und der um 4 größeren Zahl. Für welche Zahl wird dieses Produkt minimal? Gibt es auch ein Maximum?

3   Reinquadratische Gleichungen

Eine reinquadratische Gleichung hat die Form $ax^2 + b = 0$ mit $a \neq 0$. Sie kann in die Gleichung $x^2 = -\frac{b}{a}$ umgeformt werden; kurz: $x^2 = d$.
Diese Gleichung hat in der Grundmenge $\mathbb{R}$
zwei Lösungen, wenn d > 0: $x_1 = -\sqrt{d}$; $x_2 = +\sqrt{d}$; $L = \{-\sqrt{d}; +\sqrt{d}\}$
eine Lösung, wenn d = 0: $x = 0$; $L = \{0\}$
keine Lösung, wenn d < 0: $L = \{\}$, denn die Quadratwurzel aus einer negativen Zahl existiert nicht in $\mathbb{R}$.

Bestimme die Lösungsmengen folgender Gleichungen in $\mathbb{R}$:   *Beispiele*
a) $5x^2 - 12 = 18$;   b) $6x^2 + 14 = -10$;   c) $(x - 3)^2 = 4$
a) $5x^2 = 30 \Leftrightarrow x^2 = 6 \Rightarrow x_1 = -\sqrt{6}$; $x_2 = +\sqrt{6}$; $L = \{-\sqrt{6}; +\sqrt{6}\}$
   Probe mit x_1: $5 \cdot \left(-\sqrt{6}\right)^2 - 12 = 18 \Rightarrow 5 \cdot 6 - 12 = 18$ (wahr)
   Probe mit x_2: $5 \cdot \left(+\sqrt{6}\right)^2 - 12 = 18 \Rightarrow 5 \cdot 6 - 12 = 18$ (wahr)
b)   Bringe die Gleichung auf die Form $x^2 = d$:
   $6x^2 = -24 \Leftrightarrow x^2 = -4$; nicht lösbar! $L = \{\}$
c)   Diese Gleichung braucht man nicht umzuformen.
   Es folgt: $(x_1 - 3) = -2$; $(x_2 - 3) = 2$; $L = \{1; 5\}$
   Probe mit x_1: $(1 - 3)^2 = 4 \Rightarrow (-2)^2 = 4$ (wahr)
   Probe mit x_2: $(5 - 3)^2 = 4 \Rightarrow 2^2 = 4$ (wahr)

Aufgaben   **11.**   Löse ebenfalls in $\mathbb{R}$.

a) $4x^2 - 36 = 0$ b) $7x^2 + 4 = -3$

c) $\frac{1}{4}x^2 = 0{,}25$ d) $0{,}5(x^2 - 2) = 11{,}5$

e) $3x^2 - 52 = 6x^2 - 88$ f) $\frac{1}{2}x^2 + 3 = 1\frac{1}{2}x^2 + 1$

Tipp zu e) und f): Fasse zunächst gleichartige Terme zusammen.

12.   Bestimme die Lösungsmenge und führe dann die Probe durch.

a) $(x - 7)^2 - 1 = 0$ b) $(x - 7)^2 + 1 = 0$

c) $2(x + 2)^2 = 98$ d) $0{,}5(x - 0{,}3)^2 = 0{,}32$

e) $x^2 + 6x + 9 = 144$ f) $x^2 - 2x + 1 = \frac{1}{4}$

Tipp zu e) und f): Forme die linken Seiten der Gleichungen mithilfe der
1. bzw. der 2. binomischen Formel um.

4   Die Lösung von quadratischen Gleichungen der Form $x^2 + px + q = 0$

Eine quadratische Gleichung $x^2 + px + q = 0$ mit p, q aus $\mathbb{R}$ heißt
Normalform einer quadratischen Gleichung.
Es gibt zwei rechnerische Lösungsverfahren:
–   Die Gleichung kann mithilfe der **quadratischen Ergänzung** in eine rein-
    quadratische Gleichung umgeformt und gelöst werden.
–   Die Gleichung kann mithilfe der **Lösungsformel** (auch p–q–Formel
    genannt) gelöst werden.
Die quadratische Gleichung in der Normalform $x^2 + px + q = 0$ besitzt
die **Diskriminante** $D = \left(\frac{p}{2}\right)^2 - q$. Die Diskriminante D entscheidet über
die Anzahl der Lösungen in $\mathbb{R}$, die Lösungen können mit der Lösungsformel berechnet werden:

D > 0: Es gibt zwei Lösungen:

$x_{1,2} = -\frac{p}{2} \pm \sqrt{D}$; $L = \left\{-\frac{p}{2} + \sqrt{D}; -\frac{p}{2} - \sqrt{D}\right\}$

D = 0: Es gibt eine Lösung: $x = -\frac{p}{2}$; $L = \left\{-\frac{p}{2}\right\}$

D < 0: Es gibt keine Lösung: $L = \{\}$

Beispiel 1   Löse die Gleichung $x^2 - 7x + 6 = 0$ mithilfe der quadratischen Ergänzung.

1.   Zahlenterm auf rechte Seite bringen: $x^2 - 7x + 6 = 0 \Rightarrow x^2 - 7x = -6$

2.   Quadratische Ergänzung bilden: $\left(-\frac{7}{2}\right)^2 = 3{,}5^2$
     und auf beiden Seiten addieren: $x^2 - 7x + 3{,}5^2 = -6 + 3{,}5^2$

3.   links: 2. binomische Formel anwenden: $(x - 3,5)^2 = -6 + 12,25$
     rechts: zusammenfassen: $(x - 3,5)^2 = 6,25$
4.   reinquadratische Gleichung lösen:
     $\Rightarrow x_1 - 3,5 = -2,5; \; x_2 - 3,5 = 2,5 \Rightarrow x_1 = 1; \; x_2 = 6; \; L = \{1; 6\}$
5.   Probe für $x_1 = 1$: $1^2 - 7 \cdot 1 + 6 = 1 - 7 + 6 = 0$ (wahr)
     Probe für $x_2 = 6$: $6^2 - 7 \cdot 6 + 6 = 36 - 42 + 6 = 0$ (wahr)

Löse die Gleichung $2x^2 - 24x + 30 = 9 - x^2$ mithilfe der Lösungsformel.   **Beispiel 2**
1.   Gleichung auf die Normalform bringen:
$$2x^2 - 24x + 30 = 9 - x^2 \qquad | + x^2 - 9$$
$$3x^2 - 24x + 21 = 0 \qquad | :3$$
$$x^2 - 8x + 7 = 0$$
2.   p und q ablesen: $p = -8; \; q = 7$
3.   Diskriminante D berechnen: $D = \left(\frac{p}{2}\right)^2 - q = \left(-\frac{8}{2}\right)^2 - 7 = 16 - 7 = 9$
4.   Lösungsanzahl bestimmen: $D > 0$, also zwei Lösungen
5.   Lösungen ermitteln:
$$x_1 = -\frac{p}{2} - \sqrt{D} = -\left(-\frac{8}{2}\right) - \sqrt{9} = 4 - 3 = 1$$
$$x_2 = -\frac{p}{2} + \sqrt{D} = -\left(-\frac{8}{2}\right) + \sqrt{9} = 4 + 3 = 7 \Rightarrow L = \{1; 7\}$$
6.   Proben:
$$2 \cdot 1^2 - 24 \cdot 1 + 30 = 9 - 1^2 \Leftrightarrow 2 - 24 + 30 = 9 - 1 \Leftrightarrow 8 = 8 \text{ (wahr)}$$
$$2 \cdot 7^2 - 24 \cdot 7 + 30 = 9 - 7^2 \Leftrightarrow 2 \cdot 49 - 168 + 30 = 9 - 49$$
$$\Leftrightarrow -40 = -40 \text{ (wahr)}$$

13.   Löse die Gleichung mithilfe der quadratischen Ergänzung in $\mathbb{R}$ und führe   **Aufgaben**
     die Probe durch.
     a) $x^2 + 5x + 6 = 0$ b) $x^2 - 12x - 45 = 0$
     c) $x^2 - x - 12 = 0$ d) $x^2 + \frac{1}{6}x - \frac{1}{6} = 0$

14.   Bestimme zu jeder Gleichung p und q, berechne die Diskriminante D,
     gib die Anzahl der Lösungen an und berechne diese, falls sie existieren.
     Führe auch die Proben durch.
     a) $x^2 + 10x + 21 = 0$ b) $x^2 - 4x + 5 = 0$
     c) $x^2 - x + 0,25 = 0$ d) $x^2 - \frac{5}{6}x + \frac{1}{6} = 0$
     e) $3x^2 - 27x + 42 = 0$ f) $-0,5x^2 + 3x - 4 = 0$

15.   Bringe die Gleichung zunächst auf die Normalform und löse sie dann mit
     der Lösungsformel.
     a) $5(x^2 + 4x) = 60$ b) $0,1x^2 - 4,5 = 0,4x$
     c) $6(2 - x) = 2x(4 - x)$ d) $2(2x + 1)(x - 1) = 4 - 7x$

16.   Bestimme q in der Gleichung $x^2 + 3x + q = 0$, so dass die Gleichung
     a)   keine Lösung   b) eine Lösung   c) zwei Lösungen hat.

17.   Löse die Gleichungen in $\mathbb{R}$.

a) $3x^2 - 3x + 10 = 28$ b) $5x^2 - 30x - 1 = -41$

c) $6x^2 + 30x + 126 = -30x$ d) $\frac{1}{2}x^2 + 2x + 3 = x + 4{,}5$

Tipp: Fasse zunächst soweit wie möglich zusammen und dividiere dann durch den Faktor vor dem quadratischen Term, um die Normalform zu erhalten.

Zeichnerische Lösung von quadratischen Gleichungen

Die Normalform $x^2 + px + q = 0$ kann umgeformt werden in $x^2 = -px - q$.

Zeichnet man die **Normalparabel** $y = x^2$ und die **Gerade** $y = -px - q$, so liefern die x-Werte der Schnittpunkte von Normalparabel und Gerade die Lösungen.

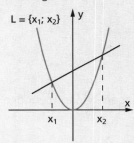   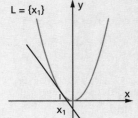   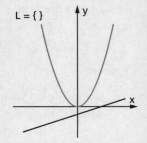

| Die Gerade schneidet die Parabel in zwei Punkten (zwei Lösungen) | Die Gerade berührt die Parabel in einem Punkt (eine Lösung) | Die Gerade schneidet die Parabel nicht (keine Lösung). |

Beispiel   Löse die Gleichung $4x^2 - 2x - 12 = 0$ zeichnerisch und führe eine Probe durch.

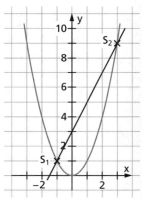

1.   Umformung der Gleichung:

$$4x^2 - 8x - 12 = 0$$
$$x^2 - 2x - 3 = 0$$
$$x^2 = 2x + 3$$

2.   Zeichnen der Graphen: Parabel: $y = x^2$

Gerade: $y = 2x + 3$

3.   Schnittpunkte ablesen: $(-1|1)$ und $(3|9)$

4.   x-Werte der Koordinaten liefern die Lösungen:

$x_1 = -1$; $x_2 = 3$; $L = \{-1; 3\}$

5.   Probe für x_1: $4(-1)^2 - 8 \cdot (-1) - 12 = 4 + 8 - 12 = 0$ (wahr)

Probe für x_2: $4 \cdot 3^2 - 8 \cdot 3 - 12 = 36 - 24 - 12 = 0$ (wahr)

18. Löse die Gleichung zeichnerisch und führe zur Kontrolle eine rechnerische Lösung durch. Verwende zum Zeichnen eine Schablone der Normalparabel.

a) $x^2 + x - 2 = 0$ b) $x^2 - x - 6 = 0$

c) $2x^2 + 8x + 6 = 0$ d) $-4x^2 + 8x - 4 = 0$

19. Bestimme die Lösungen der Gleichung zunächst näherungsweise durch eine Zeichnung. Führe dann eine rechnerische Lösung durch.

a) $3x^2 - 3x = 3$ b) $10x^2 - 25 = -2x$ c) $2x^2 - \frac{1}{2}x - 6 = 0$

Satz von Vieta

> Wenn x_1 und x_2 die Lösungen der quadratischen Gleichung $x^2 + px + q = 0$ sind, so gilt $\mathbf{x_1 + x_2 = -p}$ und $\mathbf{x_1 \cdot x_2 = q}$.

Mit diesem Satz können einerseits die Lösungen einer quadratischen Gleichung überprüft, andererseits kann zu gegebenen Lösungen die dazu gehörende quadratische Gleichung aufgestellt werden.

20. Überprüfe mithilfe des Satzes von Vieta, ob die angegebenen Lösungen der Gleichung richtig sind.

a) $x^2 + 10x + 16 = 0$; $\{-2; -8\}$

b) $x^2 + 2x - 63 = 0$; $\{-7; 9\}$

c) $x^2 - x - 2 = 0$; $\{-1; 2\}$

d) $x^2 + 2{,}5x - 1{,}5 = 0$; $\{-3; 0{,}5\}$

e) $x^2 + 0{,}6x - 0{,}72 = 0$; $\{0{,}6; -1{,}2\}$

f) $x^2 - \frac{1}{6}x - \frac{1}{3} = 0$; $\left\{\frac{2}{3}; -\frac{1}{2}\right\}$

21. Bilde mithilfe des Satzes von Vieta zur gegebenen Lösungsmenge die Normalform der quadratischen Gleichung.

a) $L = \{-4; -2{,}5\}$ b) $L = \{2; -3\}$ c) $L = \{5; -6\}$

d) $L = \{-1{,}5; -3{,}4\}$ e) $L = \{5\}$ f) $L = \left\{-2; \frac{1}{3}\right\}$

5   Textaufgaben

Tipp   Textaufgaben zu quadratischen Gleichungen kannst du nach demselben Lösungsplan bearbeiten, den du auf Seite 12 kennen gelernt hast. Lege dir bei geometrischen Aufgabenstellungen immer eine Planfigur an.

22.   Ein Rechteck hat einen Flächeninhalt von 126 cm². Die Seiten unterscheiden sich um 5 cm. Wie lang sind beide Seiten?

23.   Ein Rechteck besitzt einen Umfang von 150 cm und einen Flächeninhalt von 1250 cm². Wie lang sind die Seiten?
Tipp: Stelle zwei Gleichungen mit den Variablen a und b auf und löse dann das Gleichungssystem.

24.   Zwei verschieden große Quadrate haben zusammen einen Umfang von 36 cm. Summiert man ihre Flächeninhalte, so erhält man 45 cm².
Wie lang sind die Seiten der beiden Quadrate?

25.   Ein 2790 m² großes rechteckiges Grundstück wird mit einem Zaun von 242 m Länge eingezäunt. Welche Seitenlängen hat das Grundstück?

▲26.   Ein rechteckiger Schulhof ist 50 m lang und 40 m breit. Er soll ringsum von einem gleich breiten Pflanzstreifen umgeben sein. Welche Breite darf dieser haben, wenn die verbleibende Fläche 1500 m² groß sein soll? Runde das Ergebnis auf ganze Meter.

27.   Die Summe aus einer rationalen Zahl und ihrer Quadratzahl ist 12.

28.   Multipliziert man die Summe aus dem Vierfachen einer negativen rationalen Zahl und 16 mit der gesuchten Zahl, so erhält man 180.

▲29.   Zwei ganze Zahlen haben die Differenz 9. Ihr Produkt ist -20.

30.   Der Bus für eine geplante Klassenfahrt kostet 960 €. Da ein neuer Schüler dazu kommt, ermäßigt sich der Preis pro Schüler um 1,60 €. Wie viele Schüler sind jetzt in der Klasse? Wie viel Euro zahlt jeder?

6   Test

31.   Zeichne die Graphen der folgenden Funktionen in ein Koordinatensystem.

a) $y = \frac{1}{2}x^2$ b) $y = -2x^2$ c) $y = 4x^2$
    $y = \frac{1}{4}x^2$ $y = -\frac{3}{2}x^2$ $y = 1{,}5x^2$

32. Gib die Koordinaten des Scheitelpunktes der Funktionsgraphen an.

a) $f(x) = x^2 + 3$ b) $f(x) = (x + 3)^2$ c) $f(x) = (x - 3)^2 + 3$

33. Zeichne die Funktionsgraphen $f(x) = x^2 + 2$ sowie $f(x) = (x - 2)^2 + 4$.

a) Lies die Koordinaten des Schnittpunktes beider Graphen ab.

b) Berechne diesen Schnittpunkt.

34. a) Bestimme die Funktionsgleichungen der abgebil-
deten Parabeln.

b) Gib die Koordinaten des
Minimums bzw. des Maxi-
mums an.

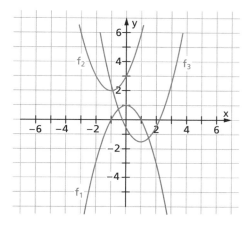

35. Forme die Funktionsgleichungen zunächst in die Scheitelpunktform um.
Zeichne dann die Graphen und gib die Nullstellen an.

a) $y = x^2 + 2x - 1$ b) $y = x^2 - 4x + 5$

36. Zeichne eine Normalparabel und eine Gerade, die durch die Punkte
$A(-3|-1)$ und $B(3|5)$ verläuft.

a) Zu welcher quadratischen Gleichung gehört dieses Graphenpaar?

b) Lies die Lösungen dieser quadratischen Gleichung ab.

c) Führe eine rechnerische Lösung der Gleichung durch.

37. Löse die quadratische Gleichung $3x^2 - 18 = 3x$ rechnerisch.

38. Sind $x_1 = 6$ und $x_2 = -8$ Lösungen der Gleichung $2x^2 + 28x = -96$?

39. Bringe die Gleichung zuerst auf die Normalform und löse dann mit
einem beliebigen Verfahren.

a) $x(4x + 7) = x(3x - 2) - 20$ b) $(2x + 5)^2 + (x + 3)(x - 3) = 1$

c) $(3x + 1)^2 - (x + 1)^2 = 9x^2$ d) $2x(x - 1) - 2 = x(x - 3)$

40. Bestimme zunächst den gemeinsamen Nenner und die Definitionsmenge. Forme dann in die Normalform um und löse die Gleichung.

a) $\frac{12}{x + 10} + \frac{x}{2} = 0$ b) $\frac{x}{2x - 11} + \frac{3}{x + 2} = 0$

c) $\frac{x - 3}{x + 3} + \frac{3x}{x^2 - 9} = -1$ d) $\frac{x + 6}{8} + \frac{x + 7}{2x - 4} = 0$

D Potenzen und Wurzeln

1   Die Potenzgesetze

Eine Potenz ist ursprünglich eine Kurzschreibweise für ein Produkt aus gleichen Faktoren: $a \cdot a = a^2$; $b \cdot b \cdot b = b^3$; $x \cdot x \cdot x \cdot x \cdot x = x^5$.
Zusätzlich ist definiert: $a^1 = a$ und $a^0 = 1$ $(a \neq 0)$.
Damit sind alle natürlichen Zahlen als Exponenten zugelassen.

Die fünf Potenzgesetze

Potenzen mit gleichen Basen werden multipliziert/dividiert, indem man die Exponenten addiert/subtrahiert und die gemeinsame Basis beibehält.

(1) $a^m \cdot a^n = a^{m+n}$
(2) $a^m : a^n = a^{m-n}$
$\quad a \neq 0$

Potenzen mit gleichen Exponenten werden multipliziert/dividiert, indem man die Basen multipliziert/dividiert und den gemeinsamen Exponenten beibehält.

(3) $a^n \cdot b^n = (a \cdot b)^n$
(4) $a^n : b^n = \left(\frac{a}{b}\right)^n$
$\quad b \neq 0$

Eine Potenz wird potenziert, indem man die Exponenten multipliziert.

(5) $(a^m)^n = a^{m \cdot n}$

Beispiele

a) $3^2 \cdot 3^4 = 3^{2+4} = 3^6 = 729$

b) $7^4 : 7 = 7^{4-1} = 7^3 = 343$

c) $5^2 \cdot 2^2 = (5 \cdot 2)^2 = 10^2 = 100$

d) $0{,}5^n \cdot 2^n = (0{,}5 \cdot 2)^n = 1^n = 1$

e) $\left((-3)^2\right)^3 = (-3)^{2 \cdot 3} = (-3)^6 = 729$

Aufgaben

1. 2^6 bedeutet $2 \cdot 2 \cdot 2 \cdot 2 \cdot 2 \cdot 2$. Was bedeutet:

a) x^4

b) $(-a)^3$

c) $0{,}1^2$

d) $0{,}01^2$

e) $(-0{,}2)^3$

f) $(a b)^4$

g) $10^2 \cdot 10^1 \cdot 10^0$

2. Rechne nach der Bedeutung der Potenzen. Überprüfe dein Ergebnis mithilfe der Potenzgesetze.

a) $2^2 \cdot 2^3$

b) $\frac{1}{2} \cdot \left(\frac{1}{2}\right)^3$

c) $a^4 \cdot a^2 \cdot a^0$

d) $\left(-\frac{1}{3}\right)^3 : \left(-\frac{2}{3}\right)^3$

e) $0{,}1^2 \cdot 0{,}01^2$

f) $(-0{,}01)^2 : (-0{,}1)^2$

3. Wende Potenzgesetze an und vereinfache.

a) $a^3 \cdot a^4 \cdot a^0$

b) $(-3)^2 \cdot (-2)^2 \cdot 2^2$

c) $b^4 : b^0$

d) $10^2 \cdot 10^2 \cdot 10^2$

e) $(-0,1)^3 \cdot (-10)^3 \cdot 2^3$

f) $0,02^4 : 0,02^3$

g) $\left(\frac{1}{3}\right)^4 : \left(\frac{1}{3}\right)^3$

h) $\left(\frac{a}{b}\right)^3 \cdot \left(\frac{b}{a}\right)^3$

4. Beim Vereinfachen von Bruchtermen sind die Potenzgesetze nützlich.

a) $\frac{10^3 \cdot 5^2}{10^2 \cdot 5}$

b) $\frac{a^5 \cdot a^3}{a^7}$

c) $\frac{2^4 \cdot 4^2}{2^6}$

d) $\frac{(b^3)^2 \cdot b}{(b^2)^3}$

Tipp zu c): Forme 4^2 in eine Zweierpotenz um.

5. a) $2a^2 + a^2$

b) $7x^3 - 4x^3$

c) $2^5 - 2^5$

d) $3a^4 + 4a^4$

Du weißt, dass $2a^2 + a^2 = 2 \cdot a^2 + 1 \cdot a^2 = 3a^2$ ist. Potenzen mit gleicher Basis und gleichem Exponenten darf man addieren bzw. subtrahieren. *Tipp*

6. a) $3a^3 \cdot 3a^2$

b) $0,5x^2 \cdot 2x$

c) $2b^4 \cdot 3b^2$

d) $(-2x^2) \cdot (-x)$

e) $a(a^2 + a^2)$

f) $-x(x^3 - x^3)$

g) $(a^4b^2) : (a^2b)$

h) $(-a^3b^3) : (a^3b^3)$

Der Term $2 \cdot 3^4$ zeigt, dass es unbedingt notwendig ist, die Reihenfolge der Rechenoperationen festzulegen. Es gilt die „Vorfahrtsregel": Hochrechnung vor Punktrechnung vor Strichrechnung. *Tipp*

7. Berechne nun.

a) $2 \cdot 3^4 - 81$

b) $2 \cdot (3^4 - 81)$

c) $(2 \cdot 3)^4 - 81$

d) $81 - 3^4$

Tipp zu c) und d): Was in einer Klammer steht, wird zuerst ausgerechnet.

8. Auch im Exponenten können Variable auftreten. Forme um.

a) $2^n \cdot 2^{n+2}$

b) $3^{2n} : 3^n$

c) $(2^3)^n$

d) $10^x : 5^x$

2 Potenzen mit negativen Exponenten

Auch ein Term mit einer Basis und einer negativen ganzen Zahl als Exponent heißt Potenz.

Es gilt: $a^{-1} = \frac{1}{a}$; $a^{-2} = \frac{1}{a^2}$; $a^{-3} = \frac{1}{a^3}$; ... und $a^{-n} = \frac{1}{a^n}$.

Auch für Potenzen mit negativen Exponenten gelten die Potenzgesetze.

Beispiele

a) $a^3 : a^5 = a^{3-5} = a^{-2} = \frac{1}{a^2}$

b) $10^{-6} = \frac{1}{10^6} = \frac{1}{1\,000\,000} = 0{,}000\,001$

c) Gegeben: $10^{-2} \cdot 10^3$. Nach der Definition gerechnet:

$\frac{1}{10^2} \cdot 10^3 = \frac{10 \cdot 10 \cdot 10}{10 \cdot 10} = 10$.

Mithilfe des ersten Potenzgesetzes umgeformt: $10^{(-2)+3} = 10^1 = 10$.

Aufgaben

9. Rechne nach der Bedeutung der Potenzen. Überprüfe dein Ergebnis, indem du mithilfe der Potenzgesetze umformst.

a) $10^2 \cdot 10^{-2}$ b) $10^{-1} : 10^{-1}$ c) $(10^{-1})^{-2}$

d) $a^4 \cdot a^{-3}$ e) $(a^{-2})^{-2}$

10. Rechne aus, forme in einen einfacheren Term um.

a) $0{,}1^{-1} \cdot 0{,}01^{-2}$ b) $10^3 \cdot 0{,}1^{-2}$ c) $10^3 \cdot 0{,}1^{-3}$

d) $0{,}1^{-3} \cdot 10^{-2}$ e) $2 \cdot 0{,}1^{-1}$ f) $2^{-3} \cdot 8$

g) $2^{-1} \cdot 2 \cdot 2^2$ h) $3 \cdot 3^{-1} \cdot 3^2$ i) $2^3 \cdot 2^0 \cdot 2^{-2}$

11. Forme um in eine Potenz mit einer kleineren Basis.

a) 8^4 b) 4^{-2} c) 100^2 d) 100^{-2} e) 4^n

12. Forme um in eine Potenz mit einem möglichst kleinen Exponenten. Dieser soll aber größer als 1 sein.

a) 10^4 b) $\frac{1}{16}$ c) $\frac{1}{256}$ d) $\frac{1}{1000}$ e) $\frac{8}{1000}$

13. Forme die Potenzen aus Aufgabe 12 in gleichwertige Potenzen mit negativen Exponenten um. Diese sollen aber kleiner als -1 sein.

14. Vereinfache.

a) $2^{-2} \cdot 2^{-4}$ b) $2^{-5} \cdot 2^7$ c) $(2^{-2})^3 \cdot 2^5$

d) $3^2 \cdot (3^{-1}) \cdot 3$ e) $(a^{-2})^2 : a^{-3}$ f) $(a^3)^{-2} \cdot (a^2)^0$

g) $x^{-3} \cdot x^{-1} \cdot x$ h) $x^6 \cdot x^{-5} \cdot x^{-1}$ i) $a^{-n} \cdot a^{n-2}$

15. Auch die folgenden Bruchterme kannst du vereinfachen.

a) $\frac{2^{-3} \cdot 2^5}{2^{-2} \cdot 2^{-1}}$ b) $\frac{a^2 \cdot a^{-3}}{a^4 \cdot a^{-3}}$ c) $\frac{x^5 \cdot x^{-4}}{x^{-5} \cdot x^{-3}}$

d) $\frac{2^n \cdot 2^{n+2}}{2^{n+3}}$ e) $\frac{a^{m+1} \cdot a^{2n}}{a^m \cdot a^n}$

3 Zehnerpotenzen

Zehnerpotenzen haben große praktische Bedeutung.

1. Zahlen werden in der Regel im Zehnersystem dargestellt.
Die folgende Stellenwerttafel zeigt, wie man die Stufenzahlen des
Zahlensystems mit Zehnerpotenzen schreibt.

...	M	HT	ZT	T	H	Z	E	z	h	t	zt	ht	m	...
...	10^6	10^5	10^4	10^3	10^2	10^1	10^0	10^{-1}	10^{-2}	10^{-3}	10^{-4}	10^{-5}	10^{-6}	...
	3	6	9	0	0	0	0							
							0	0	0	0	3	6	9	

Die ausgewählten Zahlen kann man so schreiben:
a) $3\,690\,000 = 3{,}69 \cdot 10^6$
b) $0{,}000\,369 = 0{,}369 \cdot 10^{-3} = 3{,}69 \cdot 10^{-4}$ oder ...
Standardschreibweise: Zahl zwischen 1 und 10 mal Zehnerpotenz

**2. Physikalische Größen bestehen aus einem Zahlenwert und einer
Einheit.** Aus den Basiseinheiten bildet man mithilfe von **Vorsätzen** neue
Einheiten (abgeleitete Einheiten). Die in der folgenden Tabelle aufgeführten
Vorsätze und Vorsatzzeichen musst du dir unbedingt einprägen.

Wichtige Vorsätze und Vorsatzzeichen:

Faktor	10^1	10^2	10^3	10^6	10^9	10^{12}	10^{-1}	10^{-2}	10^{-3}	10^{-6}	10^{-9}	10^{-12}
Vorsatz	Deka	Hekto	Kilo	Mega	Giga	Tera	Dezi	Centi	Milli	Mikro	Nano	Pico
Vorsatzzeichen	da	h	k	M	G	T	d	c	m	μ	n	p

Beispiele

a) Schreibe als natürliche Zahl bzw. als Dezimalbruch.
    $10^9 = 1\,000\,000\,000$ $10^{-4} = 0{,}0001$
    $1{,}25 \cdot 10^6 = 1\,250\,000$ $0{,}1 \cdot 10^{-3} = 0{,}1 \cdot 0{,}01 = 0{,}001$
b) Schreibe die wichtigsten von der Basiseinheit 1 m abgeleiteten Einheiten auf,
    also die bekannten Längenmaße.
    $10^1\,\text{m} = 1\,\text{dam}$; $10^2\,\text{m} = 1\,\text{hm}$; $10^3\,\text{m} = 1\,\text{km}$; $10^6\,\text{m} = 1\,\text{Mm}$; ...
    $10^{-1}\,\text{m} = 1\,\text{dm}$; $10^{-2}\,\text{m} = 1\,\text{cm}$; $10^{-3}\,\text{m} = 1\,\text{mm}$; $10^{-6}\,\text{m} = 1\,\mu\text{m}$;
    $10^{-9}\,\text{m} = 1\,\text{nm}$; ...
c) Schreibe $10^{10}\,\text{cm}$ in der Einheit km und 0,652 MW in der Einheit W (Watt).
    $10^5\,\text{cm} = 1\,\text{km}$ $\Rightarrow$ $10^{10}\,\text{cm} = 10^5\,\text{km} = 100\,000\,\text{km}$
    $0{,}625\,\text{MW} = 0{,}652 \cdot 10^6\,\text{W} = 652\,000\,\text{W}$

Die Aufgaben auf dieser Seite solltest du ohne Taschenrechner lösen.

Aufgaben

16. Schreibe als natürliche Zahl bzw. als Dezimalbruch (also ohne Potenzen) und lies diese Zahl.

a) 10^6 b) 10^{10} c) 10^{-2}

d) 10^{-5} e) $1,3 \cdot 10^3$ f) $0,9 \cdot 10^6$

g) $1,2 \cdot 10^{-3}$ h) $0,01 \cdot 10^{-6}$

17. Schreibe mithilfe von Zehnerpotenzen (in Standardschreibweise).

a) 72 000 000   b) 123 000 000   c) 2 345 000 000

d) 999 000   e) 0,000 009   f) 0,000 000 9

g) 0,000 246   h) 0,000 000 078

Tipp zu e): Die erste geltende Ziffer steht in der 6. Stelle nach dem Komma. Es sind also 9 Millionstel = $9 \cdot 10 \dots$.

18. Schreibe die folgenden Zahlen mithilfe von Zehnerpotenzen, sodass der Zahlenfaktor jeweils eine Stelle vor dem Komma hat.

a) 0,0012   b) 0,0123   c) 0,000 034

d) 0,000 004 5   e) 0,00072   f) 0,000 000 081

g) 21 000 000   h) 590 000 000

19. Schreibe in der jeweils angegebenen Einheit.

a) 10,705 kg (in g)   b) 0,347 mm (in µm)

c) 0,054 hℓ (in ℓ)   d) $28 \cdot 10^{-6}$ mm (in nm)

e) $4,5 \cdot 10^{-3}$ µm (in mm)   f) 31 800 V (in kV)

g) 1013 hPa (in Pa)   h) 2 677 000 g (in Mg)

i) $3,9 \cdot 10^9$ MWh (in GWh)

20. Die elektromagnetische γ-Strahlung besitzt eine Wellenlänge λ von angenähert 10^{-12} m und eine Frequenz f von angenähert 10^{20} Hz. Schreibe diese Größen dezimal (also ohne Zehnerpotenzen). Lies sie dann.

21. Die Spektrallinien von Wasserstoff betragen 410,1735 nm, 434,0465 nm, 486,2725 nm und 656,2725 nm. Gib diese Wellenlängen in Mikrometern auf drei Stellen nach dem Komma genau an. Schreibe sie auch mithilfe von 10^{-6}.

22. Im Wirtschaftsleben bzw. im Handel mit den USA treten manchmal Irritationen auf, weil die Amerikaner abweichend von den Deutschen die Zahl 10^9 eine Billion nennen. Was sagt man in Amerika

a) zu 10 000 Millionen $ b) zu 800 Milliarden $

c) zu $2 \cdot 10^9$ d) zu $0,5 \cdot 10^{12}$?

23. Der Primärenergieverbrauch betrug in Deutschland im Jahre 1997 insgesamt 14 490 PJ (1 PJ = 1 PetaJoule = 10^{15} Joule).
   a) Rechne diese Größe in kWh um. Tipp: 1 J = $2{,}778 \cdot 1^{-7}$ kWh
   b) Wie hoch ist der Verbrauch von Primärenergie pro Kopf der Bevölkerung? (Deutschland hatte 1997 insgesamt 82 057 000 Einwohner.)

24. Energiebedingte CO_2-Emissionen in einigen ausgewählten Staaten/Kontinenten im Jahre 2002:

	Bevölkerungsstand (31.12.2002)	CO_2-Emissionen	Emission in t pro Einwohner
Deutschland	82,6 Mio. Einw.	$901 \cdot 10^6$ t	
Frankreich	59,7 Mio. Einw.	$430 \cdot 10^6$ t	
USA	291,0 Mio. Einw.	$6357 \cdot 10^6$ t	
Afrika	≈ 816 Mio. Einw.	$865 \cdot 10^6$ t	
Lateinamerika	≈ 420 Mio. Einw.	$948 \cdot 10^6$ t	
Welt	6271,7 Mio. Einw.	$25683 \cdot 10^6$ t	

Quelle: Spalte 2: StatBA bzw. Weltbank
Spalte 3: Bundesministerium für Wirtschaft und Arbeit, BP

   a) Berechne den jeweiligen prozentualen Anteil, den die CO_2-Emissionen der Staaten/Kontinente 2002 an den weltweiten CO_2-Emissionen hatten.
   b) Berechne die CO_2-Emissionen in Tonnen pro Einwohner. Fülle Spalte 4 aus. Kommentiere das Ergebnis.

25. Im Jahre 1995 betrug der Wasserverbrauch der privaten Haushalte in Deutschland 132 Liter pro Einwohner und Tag (81,9 Mio. Einwohner). Berechne die Wassermenge, die allein in den Haushalten in einem Jahr verbraucht wurde und gib diese in Litern und Kubikmetern an. Verwende Zehnerpotenzen.

4   Wurzeln

1. Der Wurzelbegriff

Die Lösung der Gleichung $x^2 = a$ lautet $x = \sqrt{a}$.

Dabei dürfen a und x nicht negativ sein. Es ist also $\sqrt{a} \cdot \sqrt{a} = a$.

Entsprechend ist $\sqrt[3]{a} \cdot \sqrt[3]{a} \cdot \sqrt[3]{a} = a$ bzw. $\left(\sqrt[3]{a}\right)^3 = a$.

Allgemein gilt: Die Gleichung $x^n = a$ hat die Lösung $\sqrt[n]{a}$ und $\left(\sqrt[n]{a}\right)^n = a$.

Beachte: Wurzelexponent und Radikand müssen größer oder gleich 0 sein.

Das Ziehen einer n-Wurzel und das Potenzieren mit n sind Umkehroperationen:

$$\sqrt[n]{a} = x \quad \Leftrightarrow \quad x^n = a \qquad\qquad a \in \mathbb{R}^+;\ n \in \mathbb{N}^+$$

2. Die Potenzschreibweise von Wurzeln

$\sqrt[2]{a}$ ist äquivalent zu $a^{\frac{1}{2}}$, entsprechend gilt: $\sqrt[3]{a} = a^{\frac{1}{3}}$, allgemein: $\sqrt[n]{a} = a^{\frac{1}{n}}$.

Beispiele   a)   Schreibe die zu $2^4 = 16$ äquivalente Wurzelgleichung auf.
Lösung: $\sqrt[4]{16} = 2$.

b)   Führe eine Probe mithilfe der Umkehroperation durch.
Gegeben: $\sqrt[4]{81} = 3$
Lösung: $3^4 = 81$: wahr.

c)   Zeige mithilfe eines passenden Potenzgesetzes, dass $\sqrt{2} \cdot \sqrt{18} = \sqrt{36} = 6$ ist.
Lösung: $\sqrt{2} \cdot \sqrt{18} = 2^{\frac{1}{2}} \cdot 18^{\frac{1}{2}} = (2 \cdot 18)^{\frac{1}{2}} = 36^{\frac{1}{2}} = \sqrt{36}$

Aufgaben   **26.**   Ziehe die Wurzel im Kopf.

a) $\sqrt{49}$ b) $\sqrt{10\,000}$ c) $\sqrt[3]{8}$ d) $\sqrt[3]{27}$ e) $\sqrt[4]{256}$

f) $\sqrt[5]{32}$ g) $\sqrt{0{,}09}$ h) $\sqrt{0{,}0001}$ i) $\sqrt{\frac{4}{25}}$ j) $\sqrt[4]{\frac{16}{625}}$

27.   Schreibe die äquivalente Wurzelgleichung auf.

a) $2^{10} = 1024$ \qquad\qquad b) $3^5 = 243$

c) $0{,}7^2 = 0{,}49$ \qquad\qquad d) $10^6 = 1\,000\,000$

28.   Prüfe mithilfe der Umkehroperation, ob die Wurzel richtig gezogen ist.

a) $\sqrt[6]{64} = 2$ \qquad\qquad b) $\sqrt[6]{1\,000\,000} = 1$

c) $\sqrt[4]{625} = 5$ \qquad\qquad d) $\sqrt{1000} = 30$

29.   Forme in eine Potenz bzw. in einen Wurzelterm um.

a) $\sqrt[5]{243}$ b) $\sqrt[4]{10\,000}$ c) $64^{\frac{1}{2}}$ d) $64^{\frac{1}{6}}$

e) $\left(\sqrt{49}\right)^2$ f) $\left(\sqrt[3]{125}\right)^2$ g) $25^{\frac{5}{2}}$ h) $16^{\frac{3}{4}}$

5   Umformungen von Wurzeltermen

Für Potenzen mit positiven Radikanden gelten folgende Gesetze:
Wurzeln mit gleichen Wurzelexponenten werden

(1)   multipliziert, indem man die Radikanden multipliziert
und den Wurzelexponenten beibehält. $\sqrt[n]{a} \cdot \sqrt[n]{b} = \sqrt[n]{a \cdot b}$

(2)   dividiert, indem man die Radikanden dividiert
und den Wurzelexponenten beibehält. $\sqrt[n]{a} : \sqrt[n]{b} = \sqrt[n]{\frac{a}{b}}$

(3)   Für das Potenzieren von Wurzeln gilt: $\left(\sqrt[n]{a}\right)^n = a; \ \left(\sqrt[n]{a}\right)^m = \sqrt[n]{a^m}$

Unter die Wurzel bringen:
Man schreibt einen positiven Faktor f vor der Wurzel
als $\sqrt[n]{f^n}$ und wendet das 1. Wurzelgesetz an: $f \cdot \sqrt[n]{a} = \sqrt[n]{f^n \cdot a}$

Beispiele

a)   Vereinfache $\sqrt[3]{a^2 b} \cdot \sqrt[3]{a^4 b^2}$.
Man wendet das 1. Wurzelgesetz an und erhält $\sqrt[3]{a^6 b^3} = \sqrt[3]{a^6} \cdot \sqrt[3]{b^3} = a^2 b$.

b)   Vereinfache $\sqrt{250\, a^4 b^8}$.
Man wendet das 1.Wurzelgesetz an („von rechts nach links gelesen") und
formt um in $\sqrt{10} \cdot \sqrt{25} \cdot \sqrt{a^4} \cdot \sqrt{b^8}$.
Man zieht die Wurzeln und erhält: $\sqrt{10} \cdot 5 \cdot a^2 \cdot b^4 \approx 15{,}8\, a^2 b^4.$

c)   Bringe den Faktor vor der Wurzel unter die Wurzel: $3\sqrt[3]{2\,a}$.
$3\sqrt[3]{2\,a} = \sqrt[3]{27} \cdot \sqrt[3]{2\,a} = \sqrt[3]{54\,a}$.

Aufgaben

30.   a) $\sqrt{2} \cdot \sqrt{18}$ b) $\sqrt{98} : \sqrt{2}$ c) $\sqrt{2} \cdot \sqrt{3} \cdot \sqrt{6}$
d) $\sqrt{288} : \sqrt{8}$ e) $\left(\sqrt[3]{27}\right)^3$ f) $\left(\sqrt[3]{27}\right)^6$

31.   a) $\sqrt{3\,a^4 b^3} \cdot \sqrt{12\,b}$ b) $\sqrt{2x^2 y} \cdot \sqrt{2y}$ c) $\sqrt{125\,a^3 b^5} : \sqrt{5\,a b^3}$

32.   a) $\left(\sqrt{3} - \sqrt{12}\right) \cdot \sqrt{3}$ b) $\left(\sqrt{28} + \sqrt{63}\right) : \sqrt{7}$ c) $\left(\sqrt{16b} - \sqrt{9b}\right) : \sqrt{b}$

▲**33.**   a) $\sqrt[5]{a^{15} b^5 c^{10}}$ b) $\sqrt[4]{4^8 \cdot 3^4 \cdot 2^{12}}$ c) $\sqrt[n]{a^n b^{2n}}$

34.   a) $\sqrt[4]{a^3} \cdot \sqrt{a}$ b) $\sqrt{2} \cdot \sqrt[4]{4}$ c) $\sqrt[4]{x^6} : \sqrt[3]{x^6}$
Forme zunächst die Wurzeln in Potenzen um, wende Potenzgesetze an.

35.   Klammere aus.
a) $12x^2 - 48x^4$ b) $48x^2 - 12x^4$ c) $12\sqrt{xy} + 36\sqrt{x^2 y^2}$

36. Wende binomische Formeln an.

a) $\left(\sqrt{45} + \sqrt{20}\right)^2$ b) $\left(\sqrt{3x} - \sqrt{2x}\right)^2$

c) $\left(\sqrt{a} + \sqrt{b}\right)\left(\sqrt{a} - \sqrt{b}\right)$

37. Bringe unter die Wurzel. Vereinfache den entstehenden Term.

a) $2 \cdot \sqrt{\frac{1}{2}}$ b) $3 \cdot \sqrt{\frac{1}{3}}$ c) $4 \cdot \sqrt{\frac{1}{8}}$

d) $0,5 \cdot \sqrt{8}$ e) $0,1 \cdot \sqrt{1000}$ f) $10 \cdot \sqrt{0,4}$

g) $2 \cdot \sqrt{\frac{a}{2}}$ h) $a \cdot \sqrt{\frac{2}{a}}$ i) $2a \cdot \sqrt{\frac{1}{a}}$

6   Test

38. Schreibe ohne Zehnerpotenzen.

a) $3,025 \cdot 10^6$ b) $0,025 \cdot 10^9$ c) $1350 \cdot 10^{-6}$

39. Schreibe mit Zehnerpotenzen.

a) $0,000\,013$ b) $24\,556\,000$ c) $0,000\,000\,010$

40. Vereinfache.

a) $10^6 \cdot 10^{-3} \cdot a^4 \cdot a^{-6}$ b) $x^2 y^{-4} \cdot x^{-1} y^3$ c) $\frac{10^6 \cdot a^2 b^9}{5^6 \cdot a^4 b^5}$

41. Multipliziere aus und vereinfache.

a) $\sqrt{3} \cdot \left(\sqrt{27} + \sqrt{3}\right)$ b) $\left(\sqrt{125} - \sqrt{5}\right) \cdot \sqrt{5}$ c) $\left(\sqrt{32} + \sqrt{2}\right)^2$

42. Schreibe die äquivalente Wurzelgleichung auf.

a) $7^2 = 49$ b) $2^5 = 32$ c) $0,5^3 = 0,125$

43. Elektromagnetische Wellen besitzen unterschiedliche Wellenlängen λ.

– Infrarotwellen: $10^{-6}\,m \le \lambda \le 10^{-3}\,m$

– sichtbares Licht: $3,9 \cdot 10^{-7}\,m \le \lambda \le 7,7 \cdot 10^{-7}\,m$

– Röntgenstrahlen: $10^{-12}\,m \le \lambda \le 10^{-8}\,m$

– γ-Strahlen: $\approx 10^{-13}\,m$

Gib diese Wellenlängen

a)   dezimal ausführlich ausgeschrieben in Metern und

b)   in kleineren Einheiten mit den entsprechenden Vorsätzen an.,

E Wachstums- und Abnahmevorgänge

1 Prozentuale Veränderungen

> Wird ein Grundwert um p % vergrößert bzw. vermindert, dann gilt:
> **Grundwert mal Wachstums- bzw. Abnahmefaktor = Endwert.**
> $$G \cdot q = E \quad \left(q = 1 \pm \tfrac{1}{100} \right)$$
> Bei prozentualem Wachstum ist der Faktor q größer als 1, bei prozentualer Abnahme kleiner als 1.

Beispiele

a) Wird der Grundwert um 3 % (bzw. um 12 %; um 5,25 %) vergrößert, dann heißt der Wachstumsfaktor $1,03 = 1 + \frac{3}{100} = 1 + 0,03$ (bzw. 1,12; 1,0525).

b) Wird der Grundwert um 5 % (bzw. um 17 %; um 2,75 %) verkleinert, dann heißt der Abnahmefaktor $0,95 = 1 - \frac{5}{100} = 1 - 0,05$ (bzw. 0,83; 0,9725).

c) Ein Rechnung lautet über 12 000,00 €. Es kommen 16 % Mehrwertsteuer hinzu. Berechne den Überweisungsbetrag.
   Lösung: $G \cdot q = E$, eingesetzt: 12 000,00 € · 1,16 = 13 920,00 €.

Aufgaben

1. Ein Grundwert wird
   a) um 10 %   b) um 30 %   c) um 50 %   d) um 1 %
   e) um 0,5 %   f) um 2,25 %   g) um 100 %
   vergrößert. Wie heißt der zugehörige Wachstumsfaktor?

2. Ein Grundwert wird
   a) um 10 %   b) um 30 %   c) um 50%   d) um 1 %
   e) um 0,5 %   f) um 5,25 %   g) um 99,9 %
   vermindert. Wie heißt der zugehörige Abnahmefaktor?

3. Herr Lehmann und Herr Schulze verdienen beide zur Zeit monatlich brutto 2800,00 €. Die Gehälter werden erhöht, und zwar bei Herrn Lehmann um 2,3 % und bei Herrn Schulze um 1,9 %. Wie hoch sind die Brutto-Gehälter im nächsten Monat?

Übungen zur einfachen Prozentrech-nung auf Seite 90

4. Agnes verdient monatlich 2500,00 € brutto. Vom nächsten Monat an bekommt sie brutto 2580,00 €. Um wie viel Prozent wurde ihr Gehalt erhöht?
   Tipp: Berechne den Wachstumsfaktor und lies den Prozentsatz ab.

5. Die Abteilungsleiterin bekommt jetzt monatlich 4368,00€. Ihr Gehalt wurde gerade um 4 % erhöht. Wie hoch war es vorher?

6. Berechne die fehlenden Größen.

	a)	b)	c)	d)
Grundwert	860,00€		1600,00€	2200,00€
Prozentsatz	2,75 %	4,25 %		0,75 %
Endwert		1876,50€	1660,00€	

7. Anfang 1991 kostete das Abonnement für eine bestimmte Tageszeitung 25,85 DM/Monat (einschl. Zustellgebühren). Anfang 2000 betrug der Bezugspreis 39,00 DM/Monat und Anfang 2005 dann 23,10 €/Monat.
   a) Um wie viel Prozent ist der Bezugspreis von 1991 bis 2000 im Mittel pro Jahr gestiegen?
   b) Um wie viel Prozent ist er pro Jahr von 2000 bis 2005 gestiegen?
   Tipp: Rechne den Bezugspreis des Jahres 2000 in €/Monat um. Dazu musst Du wissen: 1,95583 DM = 1,00 €.

8. Die Einwohnerzahl einer deutschen Großstadt betrug Anfang 2004 insgesamt 254 300 Personen. Sie stieg in diesem Jahr um 1,76 %. Berechne die Einwohnerzahl zu Anfang 2005.

2   Mehrfache prozentuale Veränderungen

Im täglichen Leben finden häufig Veränderungsprozesse statt, bei denen sich in bestimmten Zeitspannen nacheinander mehrfach prozentuale Veränderungen ergeben. In solchen Situationen ist es besonders günstig, mit Faktoren zu rechnen.
Nennt man die Anfangsgröße A, die Prozentsätze p_1, p_2, p_3, ..., p_n und den Endwert E, dann gilt: $A \cdot q_1 \cdot q_2 \cdot q_3 \cdot ... \cdot q_n = E$

Beispiel

Am Ende des Jahres 2004 betrug der Stundenlohn eines Facharbeiters bei der MANZAG 19,20€. Sein Lohn stieg im Jahre 2005 um 2,8 %, im Jahre 2006 um 3,2 % und im Jahre 2007 um 0,7 %. Wie hoch ist sein Stundenlohn Ende 2007?
Lösung: $19,20€ \cdot 1,028 \cdot 1,032 \cdot 1,007 = 20,51€$.

9. Die Einwohnerzahl einer Gemeinde betrug am 31.12.2003 insgesamt 36 300 Personen. Sie stieg im Jahre 2004 um 1,75 %, im Jahre 2005 um 0,93 %, im Jahre 2006 um 0,04 % und im Jahr 2007 um 1,08 %. Wie hoch war die Einwohnerzahl am 31.12.2007?

10. Ein Damenmantel kostete vor dem Firmenjubiläum 320,00 €. Der Preis wurde dann um 30 % herabgesetzt. Am Ende der Woche wurde der reduzierte Preis noch einmal um 20 % gekürzt.
    a) Wie viele Euro soll der Mantel zum Schluss noch kosten?
    b) Alf meint: „Die haben den Preis also um 50 % herabgesetzt."
       Stimmt das?

11. Was bringt am Ende mehr? Fall 1: Der Lohn wird jetzt um 3,2 % und ein Jahr später um 1,8 % erhöht. Fall 2: Der Lohn wird jetzt um 2,5 % und ein Jahr später nochmals um 2,5 % erhöht.

12. Am Montag kostet eine Jeans aus einem großen Posten 40,00 €. Der Chef ordnet an, dass der Preis der Hosen am Dienstag um 10 % reduziert wird, am Mittwoch wieder um 10 %, am Donnerstag wieder um 10 % usw.
    a) Wie viel Euro kostet eine Jeans am Samstag?
    b) Am Samstag wird der Posten noch nicht abverkauft. Daraufhin wird der Preis am Montag der nächsten Woche noch einmal um 20 % gesenkt. Wie teuer ist eine Jeans jetzt?

13. Familie Benrath kauft eine neue Küche zum Preise von 7680,00 €. In der Aktionswoche gibt es auf alle Küchen 20 % Rabatt. Auf den reduzierten Preis erhalten Benraths noch 5 % Treuerabatt. Wie teuer wird die Küche?

14. Der Absatz eines neuartigen Arzneimittels beträgt im ersten Monat 20 000 Packungen. Im 2. Monat werden 30 % mehr als im ersten und im 3. Monat 40 % mehr als im zweiten Monat abgesetzt. Im 4. Monat wird eine Absatzsteigerung um 50 % und im 5. Monat eine um 25 % gemeldet. Von da an bleibt der Absatz ziemlich konstant. Wie viele Packungen werden jetzt pro Monat verkauft?

3   Zinseszinsen

Übungen zur einfachen Zinsrechnung auf Seite 91

In der Zinseszinsrechnung nennt man den Anfangswert K_0 (= Kapital zum Zeitpunkt 0), den Endwert K_n (= Kapital nach n Jahren). Im einfachen Fall wird eine gleichbleibende Verzinsung mit p % pro Jahr angenommen. Der Wachstumsfaktor q beträgt $1 + \frac{p}{100}$. Unter diesen Bedingungen gilt:
$K_0 \cdot q = K_1$, $K_1 \cdot q = K_2$ usw. und damit $K_0 \cdot \underbrace{q \cdot q \cdot q \cdot \ldots \cdot q}_{\text{n Faktoren q}} = K_n$

Daraus folgt die Zinseszinsformel: $K_n = K_0 \cdot q^n$.

Beispiel 1

Kerstin und Klaus sind glücklich und dankbar über die Geburt ihrer Tochter Jennifer. Sie wollen gut für das Kind sorgen und legen Ende 2004 (Wertstellung 30.12.2004) auf einem Sonderkonto 10 000,00 € an. Es wird ein Zinssatz von 6 % vereinbart. Das Konto ist 20 Jahre lang gesperrt. Danach kann Jennifer frei darüber verfügen.

a)   Zeige, dass das Kapital am Ende des Jahres 2005 bereits 10 600,00 € beträgt. Berechne das Guthaben auf Jennifers Sonderkonto am Ende des 2., 3., 4. und 5. Jahres und trage die Kontostände in eine Tabelle ein.

b)   Berechne mithilfe der Zinseszinsformel die Guthaben am Ende des 10., des 15. und des 20. Jahres.

Lösung

a)   Aus p = 6 % folgt q = 1,06. Rechnung: 10 000,00 € · 1,06 = 10 600,00 €

b)

n	Zeitpunkt	Kontostand	
1	Ende 2005	10 600,00 €	⟩ · 1,06
2	Ende 2006	11 236,00 €	⟩ · 1,06
3	Ende 2007	11 910,00 €	⟩ · 1,06
3	Ende 2008	12 624,77 €	⟩ · 1,06
5	Ende 2009	13 382,26 €	

c) $K_{10} = 10\,000{,}00\,€ \cdot 1{,}06^{10} = 17\,908{,}48\,€$
$K_{15} = 10\,000{,}00\,€ \cdot 1{,}06^{15} = 23\,965{,}82\,€$
$K_{20} = 10\,000{,}00\,€ \cdot 1{,}06^{20} = 32\,071{,}35\,€$

Beispiel 2

Ein Stiftungskapital von 1 Mio. € wird 5 Jahre lang auf Zinseszinsen angelegt. In dieser Zeit soll es auf 1,4 Mio. € anwachsen. Welcher Zinssatz muss mit der kontoführenden Bank vereinbart werden?

Lösung

Nach der Zinseszinsformel gilt: $1\,000\,000\,€ \cdot q^5 = 1\,400\,000\,€$. Löse nach q auf.

1. Auf beiden Seiten durch $1\,000\,000\,€$ dividiert liefert: $q^5 = 1,4$
2. Auf beiden Seiten die 5.Wurzel ziehen liefert: $q = \sqrt[5]{1,4} \approx 1,069681$
3. Von q auf p schließen: $p \approx 6,97\,\%$.

Der Zinssatz muss $7\,\%$ betragen, damit das Stiftungskapital in 5 Jahren von
1 Mio. € auf 1,4 Mio. € anwächst.

Zunächst den Ansatz hinschreiben, dann erst zum Taschenrechner greifen!   *Tipp*

15. Auf welches Endkapital K_n wächst ein Kapital K_0 bei jährlicher Verzin-   *Aufgaben*
sung mit p % in n Jahren mit Zinseszinsen an?
   a)   5000 € zu 4,5 % in 12 Jahren
   b)   8000 € zu 7,0 % in 10 Jahren
   c)   12500 € zu 3,5 % in 3 Jahren
   d)   25000 € zu 7,5 % in 5 Jahren

16. Was bringt samt Zinseszinsen nach 10 Jahren mehr: 5000 € zu 8 % oder
8000 € zu 5 %?

17. Ende 2000 wird eine Stiftung gegründet. Eingezahlt wurde ein einma-
liger Betrag von 1 000 000 €. Dieses Kapital steht bis Ende 2008 auf
Zinseszinsen (p = 6,75 %). Danach sollen die jährlich anfallenden Zinsen
als Stipendien an zehn Studentinnen ausgezahlt werden. Wie viele €
erhält jede jährlich?

18. Welches Anfangskapital K_0 wächst mit Zinseszinsen bei p = 5,5 % in
12 Jahren auf 10000 € an?

▲**19.** In wie vielen Jahren verdoppelt (verdreifacht) sich ein Kapital bei 5,25 %
Zinseszinsen?

▲**20.** Ein Kapital K_0 wächst 3 Jahre lang mit p = 4,0 % und danach 4 Jahre
lang mit p = 5,0 % samt Zinseszinsen. Das Endkapital K_7 beträgt
1367,28 €. Welches Kapital wurde vor 7 Jahren angelegt?

4   Lineare und quadratische Veränderungsprozesse

Hinweis   Wenn in deiner Schule im Mathematikunterricht quadratische Veränderungsprozesse nicht behandelt wurden, dann konzentriere dich auf lineares
Wachstum/lineare Abnahme.

Wir betrachten jetzt lineares und quadratisches **Wachstum** und lineare und
quadratische **Abnahme**.
Wichtig sind die **Änderungsraten** $y_n - y_{n-1}$. An ihnen kann man den
Wachstumstyp/Abnahmetyp erkennen.

Lineares Wachstum/Lineare Abnahme
Funktionsgleichung: $y = a \cdot x + b$. Der Parameter a beschreibt die Änderungsrate. Ist $a > 0$, dann Wachstum mit der Änderungsrate a.
Ist $a < 0$, dann Abnahme mit der Änderungsrate $|a|$.

Quadratisches Wachstum/Quadratische Abnahme
Funktionsgleichung: $y = a \cdot x^2 + b$. Wieder gilt: Ist $a > 0$, dann Wachstum.
Ist $a < 0$, dann Abnahme.
Durchläuft x die Werte 0, 1, 2, 3, 4, usw., dann sind die Änderungsraten a,
3a, 5a, 7a, usw. Ist $a > 0$, dann nehmen sie Schritt für Schritt um 2a zu.
Ist $a < 0$, dann nehmen die Änderungsraten Schritt für Schritt um $|2a|$ ab.

Beispiele

Lineares Wachstum

x	y
0	2
1	3,6
2	5,2
3	6,8
4	8,4
5	10
⋮	⋮

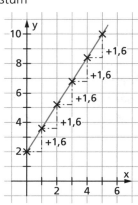

Quadratisches Wachstum

x	y
0	2
1	2,5
2	4
3	6,5
4	10
5	14,5
⋮	⋮

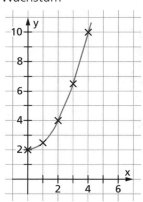

	Lineares Wachstum	Quadratisches Wachstum
Wachstumskurve:	Gerade	Parabel
Wachstumsgleichung:	$y = 1{,}6 \cdot x + 2$	$y = 0{,}5 \cdot x^2 + 2$
Änderungsrate z: (Differenz aufeinanderfolgender y-Werte):	Konstant	Nimmt Schritt für Schritt um einen festen Betrag zu.
Änderungsrate z im Beispiel:	$z = +1{,}6$ $z_1 = z_2 = z_3 = z_4 = \ldots$	$z_2 = z_1 + 1;\ z_3 = z_2 + 1;$ $z_4 = z_3 + 1$ usw.

21. Stelle ähnlich wie in den Beispielen

Aufgaben

    a) die lineare Abnahme mit der Funktionsgleichung $y = -1{,}6x + 2$,

    b) die quadratische Abnahme mit der Funktionsgleichung

        $y = -0{,}5x^2 + 2$

in getrennten Achsenkreuzen dar und arbeite die zugehörigen Änderungsraten heraus.

22. Untersuche die folgenden in Wertetabellen festgehaltenen Prozesse.

    a) Setze jede Tabelle um zwei Wertepaare fort.

    b) Zeichne die zu den Wertetabellen gehörenden Kurven (in jeweils ein neues Achsenkreuz).

    c) Wo liegt lineares Wachstum vor? Begründe. Gib die zugehörigen Gleichungen an.

    d) Wo liegt quadratisches Wachstum vor? Begründe.

(1)　　　　(2)　　　　(3)　　　　(4)　　　　(5)

x	y	x	y	x	y	x	y	x	y
0	0	-2	-1	0	0	0	0,5	0	2
1	5	-1	1	1	1	1	1	1	2,5
2	20	0	3	2	2	2	2,5	2	3
3	45	1	5	3	4	3	4,5	3	3,5
⋮	⋮	⋮	⋮	⋮	⋮	⋮	⋮	⋮	⋮

Tipp: Bei einer Wertetabelle wirst du keine Gesetzmäßigkeiten erkennen.

23. In den folgenden Weg-Zeit-Aufgaben bedeuten die Variablen s = Weglänge (in m) und t = Fahrzeit (in s). Welche Wachstumseigenschaften erkennst du bereits in den Tabellen? Begründe deine Antworten mithilfe der Änderungsraten.

(1)　　　　(2)　　　　(3)

t	s	t	s	t	s
0	0	0	0	0	0
1	10	1	10	1	3
2	20	2	40	2	12
3	30	3	90	3	27
4	40	4	160	4	48
⋮	⋮	⋮	⋮	⋮	⋮

24. Isabel beginnt Anfang April mit dem Weitsprungtraining. Ihre Anfangs-
leistung liegt im Durchschnitt bei 4,50 m.
  (1) Sie steigert sich von Monat zu Monat um 10 cm.
  (2) Nach einem Monat verbessern sich ihre Leistungen um 2 cm, nach
      zwei Monaten um weitere 6 cm, nach drei Monaten um weitere
      10 cm usw.
  a) Welche Wachstumsarten liegen hier vor?
  b) Welche Weitsprungleistungen würde Isabel im Oktober unter diesen
     Annahmen erreichen?

25. Das Weg-Zeit-Gesetz des freien Falls (in der Nähe der Erdoberfläche)
lautet: $s_t = \frac{g}{2}t^2$ mit $g \approx 9{,}81 \frac{m}{s^2}$. Lege eine Wertetabelle für die t-Werte
von 0 bis 10 an, stelle die Funktion im Achsenkreuz dar, bilde die Folge
der Änderungsraten. Was stellst du fest?

▲**26.** Ein neuentwickelter Hochgeschwindigkeitstriebwagen wird gestestet.
Vom Startpunkt bei $t = 0$ an beschleunigt er gleichmäßig und legt
folgende Strecken zurück: $s_1 = 2$ m, $s_2 = 8$ m, $s_3 = 18$ m usw.
  a) Lege eine Wertetabelle von $t = 0$ bis $t = 18$ an.
  b) Nach 18 Sekunden beschleunigt der Triebwagen nicht mehr. Welche
     Geschwindigkeit hat er jetzt erreicht?

5   Exponentielles Wachstum

Die Gleichung $y = a \cdot q^x$ beschreibt
exponentielles Wachstum, wenn die
Basis q größer als 1 und der Faktor a
positiv ist.

Exponentielles
Wachstum
kennst du
schon aus der
Zinseszins-
rechnung:
$K_n = K_O \cdot q^n$

Geht man im Definitionsbereich von
einem Wert x zum Wert $x + 1$, dann
erhält man als zugeordnete Größen y
und $y \cdot q$.
Für exponentielles Wachstum gilt also:
$y_1 \cdot q = y_2$; $y_2 \cdot q = y_3$; $y_3 \cdot q = y_4$; ...

Auch die Änderungsraten wachsen
Schritt für Schritt um den Faktor q.

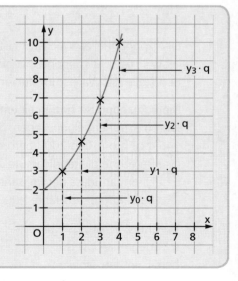

Eine Arbeitsgruppe legt eine Bakterienkultur an. Zu Beginn des Versuchs werden $b_0 = 100$ Bakterien gezählt. Danach wird von Stunde zu Stunde die Anzahl der Bakterien festgestellt und in einer Wertetabelle festgehalten.
Bei zeitabhängigen Wachstumsprozessen wählt man in der Regel t (statt x) als unabhängige Variable. Und für y sagen wir hier b (wie Bestand).

t (in h)	b_t
0	100
1	200
2	400
3	800
4	1600
5	3200

a) Mit welcher Gesetzmäßigkeit nimmt der Bakterienbestand zu? Nimm an, dass das Wachstum 9 Stunden lang mit dieser Gesetzmäßigkeit anhält. Setze die Tabelle bis $t = 9$ fort und stelle das Wachstum im Achsenkreuz dar.

b) Beschreibe das Wachstum mit einer Gleichung der Form $b_t = a \cdot q^t$.

Lösung

a) Der Wachstumsfaktor heißt $q = 2$.

t	b_t
6	6400
7	12800
8	25600
9	51200

Die Kurve ist rechts abgebildet.

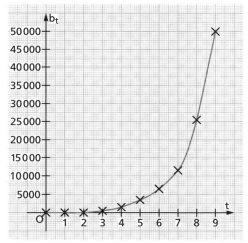

b) Setze ein Größenpaar ein, z. B.
$(0 | 100)$: $100 = a \cdot 2^0$
$\Rightarrow a = 100$
Die gesuchte Gleichung heißt:
$b_t = 100 \cdot 2^t$.

27. Ein exponentielles Wachstum ist durch a) $b_t = 3 \cdot 1{,}2^t$
b) $b_t = 0{,}01 \cdot 3^t$ gegeben. Lege Wertetabellen für $t = 0$ bis $t = 6$ an und stelle die Wachstumskurven in einem Achsenkreuz dar.

28. Die Baulandpreise sind in einem Vorort von Berlin in den letzten vier Jahren exponentiell gestiegen. Sie liegen jetzt (2004) bei einem Preis von $146{,}41 €$ pro m², in 2000 betrugen sie durchschnittlich $100{,}00 \frac{€}{m^2}$.
a) Berechne die jährliche Steigerungsrate in Prozent.
b) Nimm an, dass der Preisanstieg so anhält. Wie hoch wäre dann der Baulandpreis im Jahre 2008?

29. Im Anstellungsvertrag wurde einer leitenden Angestellten im ersten Jahr ein Gehalt von 100 000,00 € zugesagt. Das Gehalt soll von Jahr zu Jahr um 8,0 % steigen.
a) Wie viel € verdient sie im 5. Jahr?
b) Nimm an, dass die Gehaltssteigerung danach nur noch 5 % pro Jahr beträgt. Wie hoch ist das Jahresgehalt im 10. Jahr?

30. Ein Beamter verdiente im Jahre 2000 brutto 32 000,00 €, im Jahre 2006 brutto 33 968,65 €. Berechne seine durchschnittliche Gehaltserhöhung pro Jahr.

31. In Deutschland waren 1995 insgesamt 40 404 300 Pkw zugelassen, im Jahr 2000 waren es 42 839 900 Pkw. Nimm exponentielles Wachstum an, berechne die jährliche Steigerungsrate in Prozent und schätze den Pkw-Bestand für das Jahr 2010.

▲**32.** Unter den Treibhausgasen ist das von den Menschen zusätzlich emittierte CO_2 mitverantwortlich für den Anstieg der weltweiten Lufttemperaturen. Die Konzentration von CO_2 betrug 1750 rund 280 ppm, 1990 bereits 353 ppm.
Nimm wieder exponentielles Wachstum an und berechne den prozentualen Anstieg des CO_2-Gehalts der Atmosphäre in Prozent pro Jahrzehnt.

▲**33.** Das Wachstum der Erdbevölkerung ist in der nebenstehenden Tabelle dargestellt.

Jahr	t	Erdbevölkerung in Mrd.
1950	0	2,519
1960	10	3,021
1970	20	3,692
1980	30	4,435
1990	40	5,264
2000	50	6,071

Quelle: Stat. Bundesamt

a) Stelle dieses Wachstum im Achsenkreuz als Punktwolke dar. Wähle auf der waagerechten Achse 1 cm als Einheit für 10 Jahre.
b) Lege aus freier Hand zwei verschiedene Ausgleichskurven durch diese Punktwolke, eine Gerade und näherungsweise eine Exponentialkurve.
Welche gibt die Wirklichkeit besser wieder?
c) Berechne aus den Daten für 1950 und 2000 die Parameter für die Gleichungen, die (1) lineares Wachstum und (2) exponentielles Wachstum beschreiben. Wie viele Menschen leben 2020 nach Modell (1), wie viele nach Modell (2) auf der Erde?

6 Exponentielle Abnahme – exponentieller Zerfall

Die Gleichung $y = a \cdot q^x$ beschreibt **exponentielle Abnahme**, wenn $0 < q < 1$ und der Faktor a positiv ist.

Auch für die exponentielle Abnahme gilt:

$y_1 \cdot q = y_2; \ y_2 \cdot q = y_3; \ y_3 \cdot q = y_4; \ \ldots$

Der Graph ist eine fallende Exponentialkurve, die im Punkt $(0|a)$ beginnt und sich der waagerechten Achse immer mehr nähert.

Die Änderungsraten nehmen Schritt für Schritt um den Faktor q ab.

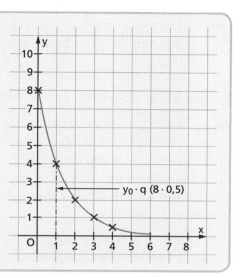

Untersuche die exponentielle Abnahme, die durch $b_t = 4 \cdot 0{,}8^t$ (t in Stunden) gegeben ist. Lege eine Wertetabelle für den Bereich $t = 0$ bis $t = 6$ an, zeichne die Abnahmekurve in ein Achsenkreuz und gib wichtige Eigenschaften dieser Abnahme an.

Beispiel

Lösung

t	bt
0	4
1	3,2
2	2,56
3	≈ 2,05
4	≈ 1,64
5	≈ 1,31
6	≈ 1,05

Graph

Eigenschaften

Die b_t-Werte erhält man durch fortlaufende Multiplikation mit $q = 0{,}8$.

Dies gilt auch für die Änderungsraten: $z_1 = 0{,}8; \ z_2 = 0{,}64;$ $z_3 = 0{,}512$ usw.

Der Graph beginnt bei $(0|4)$ und ist eine fallende Exponentialkurve.

34. Eine exponentielle Abnahme ist durch a) $y = 5 \cdot 0{,}9^x$ b) $y = 5 \cdot 0{,}1^x$ gegeben. Lege Wertetabellen für $x = 0$ bis $x = 5$ an und stelle die fallenden Exponentialkurven in einem Achsenkreuz dar. Was stellst du fest?

35. Zu einer exponentiellen Bestandsabnahme gehören die Größenpaare $(0|10)$ und $(10|9{,}04)$. Gib die zugehörige Funktionsgleichung der Form $b_t = a \cdot q^t$ an.

Aufgaben

36. Ein Bestand nimmt täglich um 12 % ab. Der Anfangsbestand beträgt 1000 Stück. Berechne b_t für die ersten 10 Tage, gib die zugehörige Funktionsgleichung an und berechne den Bestand am 20. Tag.

37. Eine exponentielle Abnahme ist durch $b_1 = 4{,}5$ und $b_2 = 3{,}375$ gegeben. Berechne die Parameter a und q und gib die Funktionsgleichung an.

Radioaktiver Zerfall

Bei der Reaktorkatastrophe in Tschernobyl am 26. April 1986 gelangten neben anderen radioaktiven Isotopen vor allem große Mengen von radioaktivem Jod 131 (^{131}J) und Caesium 137 (^{137}Cs) in die Atmosphäre und wurden teilweise durch die Luftströmungen auch bis nach Mitteleuropa und Skandinavien verfrachtet. Dort wurden in einigen Gebieten später überhöhte Strahlenbelastungen festgestellt.

Radioaktive Atome emittieren radioaktive Strahlung (α-, β-, γ-Strahlung) und wandeln sich dabei in andere Stoffe um. Der Bestand nimmt exponentiell ab. Der Zerfall geschieht bei verschiedenen Isotopen unterschiedlich schnell. Man misst die Geschwindigkeit des radioaktiven Zerfalls in Halbwertzeiten. Die Halbwertzeit ist die Zeitspanne, in der sich die Anzahl der vorhandenen radioaktiven Atome einer bestimmten Sorte durch Zerfall halbiert.

Beispiel

Halbwerts-zeit von ^{131}J = 8 Tage

a) Zeige, dass die Strahlenbelastung durch Jod 131 aus der Katastrophe von Tschernobyl bereits Anfang Juni 1986 auf etwa 5 % der ursprünglichen Intensität gesunken war und heute praktisch nicht mehr besteht.

b) Stelle die Zerfallsgleichung der Form $N(t) = N_0 \cdot q^t$ (mit t in Tagen) für ^{131}J auf.

Lösung

a) Wertetabelle

	t	N(t)
26. April 86	0	N_0
4. Mai 86	8	$\frac{1}{2}N_0$
12. Mai 86	16	$\frac{1}{4}N_0$
20. Mai 86	24	$\frac{1}{8}N_0$
28. Mai 86	32	$\frac{1}{16}N_0$
5. Juni 86	40	$\frac{1}{32}N_0$

In der Tabelle sieht man, dass die Anzahl der radioaktiven Jod-Atome Anfang Juni 1986 auf rund $\frac{1}{20}N_0$, also auf etwa 5 % gefallen ist. Heute (2005) sind bereits über achthundert 8-Tages-Zeitspannen seit 1986 vergangen. Für die Verstrahlung gilt:
$N_{(\text{Anfang 2005})} < N_0 \cdot \left(\frac{1}{2}\right)^{800} \approx N_0 \cdot 0$

b) $N(t) = N_0 \cdot \left(\frac{1}{2}\right)^t$ (t in 8-Tages-Zeitspannen) bzw. $N(t) = N_0 \cdot \left(\frac{1}{2}\right)^{\frac{1}{8} \cdot t}$ (t in Tagen)

38. Die Halbwertzeit von Caesium 137 beträgt 30,0 Jahre. Untersuche die **Aufgaben** Verstrahlung durch ^{137}C seit der Tschernobyl-Katastrophe.
   a) Berechne zunächst den Zerfallsfaktor q für die Zerfallsgleichung, wobei t in Jahren gemessen werden soll. Tipp: In 30 Jahren nimmt N_0 auf $\frac{1}{2} N_0$ ab. Es ist also $1 \cdot q^{30} = \frac{1}{2} = 0,5$.
   b) Welche Intensität hat das durch Tschernobyl freigesetzte Caesium 137 noch im April 2006 (im April 2026)?
   c) Wann wird die Intensität nur noch 10 % der ursprünglichen betragen?

39. Radium 226 besitzt eine Halbwertzeit von 1600 Jahren. Nenne: N_0 die Anzahl der Isotope ^{226}Ra zum Zeitpunkt $t = 0$, $N(t)$ die Anzahl der nach t Jahren noch vorhandenen ^{226}Ra-Isotope.
   a) Wie lange dauert es, bis jeweils noch ein Viertel, ein Achtel, ein Sechzehntel von N_0 vorhanden ist?
   b) Zeichne den Graphen der Zerfallsfunktion (für $0 \leq t \leq 10000$). Wähle auf der t-Achse für 1000 Jahre eine Länge von 1,0 cm. Lies ab, nach wie vielen Jahren noch $0,9 N_0$-, $0,5 N_0$-,und $0,1 N_0$-Isotope vorhanden sind.

40. a) Leite nun das Zerfallsgesetz für ^{226}Ra in der Form $N(t) = N_0 \cdot q^t$ (t in Jahren) her. Bestimme dazu einen Zahlenwert für q auf acht Stellen nach dem Komma genau. Tipp: Aus der Halbwertzeit für ^{226}Ra folgt: $N(1600) = 0,5 N_0$.
   b) Rechne aus, welcher Anteil der ursprünglich vorhandenen Isotope nach 1000 Jahren, nach 3000 Jahren und nach 5000 Jahren noch vorhanden ist.
   c) Wann ist die Anzahl der ^{226}Ra-Isotope auf 1 % von N_0 geschrumpft?

Barometrische Höhenformel

Beispiel

Die Radiosonde in einem aufsteigenden Wetterballon misst u. a. den Luftdruck in verschiedenen
Höhen (siehe Tabelle).

Höhe über NN in km	Luftdruck in hPa
0	1024,0
1	891,4
2	776,0
3	675,6
4	588,1
5	512,0
6	445,7

a)   Die Luftdruckabnahme erfolgt dabei nach
einer Gesetzmäßigkeit. Arbeite diese heraus.

b)   Bestimme Werte für den Luftdruck in 7, 8, 9
und 10 km Höhe, die bei diesem Ballonauf-
stieg gemessen würden.

Lösung

a)   Die Vermutung, dass exponentielle Abnahme vorliegt, testen:

$\frac{p(1)}{p(2)} = \frac{891,4}{1024,0} \approx 0,8705$; $\frac{p(2)}{p(1)} = \frac{776,0}{891,4} \approx 0,8705$;

$\frac{p(3)}{p(2)} = \frac{675,6}{776} \approx 0,8706$; $\frac{p(4)}{p(3)} = \frac{588,1}{675,6} \approx 0,8705$; ...

Im Beispiel gilt für den Luftdruck in h km Höhe: $p(h) \approx 1024 \cdot 0,8705^h$ hPa.

b) $p(7) \approx 1024 \cdot 0,8705^7 = 387,9$ hPa; $p(8) \approx 1024 \cdot 0,8705^8 = 337,6$ hPa;
$p(9) \approx 293,9$ hPa; $p(10) \approx 255,9$ hPa

Aufgaben

41.   Die allgemeine barometrische Höhenformel lautet: $p(h) = p_0 \cdot \left(\frac{1}{2}\right)^{\frac{h}{5000}}$. Hier
ist aber h in Metern einzusetzen. Zeige, dass sich die vom Wetterballon
(siehe Beispiel) gemessenen Luftdrucke in 1, 3 und 5 km Höhe auch nach
dieser Formel ergeben.

42.   Berechne die mittleren Barometerstände auf den Spitzen folgender
Berge: Zugspitze (rund 2960 m über NN), Mount Everest (rund 8870 m
über NN). Der mittlere Luftdruck auf Meereshöhe beträgt 1013 hPa.

43.   Anke sagt: „Du Stefan, auf dem Brocken (rund 1140 m hoch) würde
unser Barometer jetzt nur 865 hPa anzeigen." Gehe davon aus, dass ihr
Barometer zu Hause (in 50 m über NN) gerade auf 1006,0 hPa steht.

7 Test

Tipp

Die Art des Wachstums bzw. der Abnahme kannst du in der Regel mithilfe der Änderungsraten und ihrer Gesetzmäßigkeiten bestimmen. Lege ggf. erst eine Wertetabelle an.

44. Gib die Gleichung für lineares Wachstum an, bei der die Änderungsrate 3 beträgt und ein Wertepaar (0|4) heißt.

45. Welche Wachstums- bzw. Abnahmeeigenschaften erkennst du in den folgenden Wertetabellen? Gib ggf. auch die Funktionsgleichungen an.

a)

x	y
0	− 10
1	− 9
2	− 6
3	− 1
4	6

b)

x	y
0	8
1	5
2	2
3	− 1
4	− 4

c)

x	y
0	1
1	2
2	4
3	8
4	16

d)

x	y
0	16
1	4
2	1
3	0,25
4	≈0,06

46. Welche Funktionsgleichungen beschreiben ein Wachstum, welche eine Abnahme? Von welcher Art ist der Veränderungsprozess?

a) $y = 2,5x - 1,5$

b) $y = 0,4 \cdot x^2 + 1$

c) $y = 0,1 \cdot 2^x + 3$

d) $y = 4 \cdot 0,5^x + 6$

47. Lisa denkt sich etwas aus, was nicht stimmt, aber sicher alle in der Schule interessieren wird. Dies erzählt sie innerhalb einer Stunde vier Mitschülern. Nimm an, dass dieses Gerücht von jedem Informierten innerhalb der nächsten Stunde an vier weitere Personen weitergegeben wird. Es sei $A(t)$ die maximale Anzahl der Informierten nach t Stunden. Warum ist $A(1) = 5$? Wie viele Personen hat das Gerücht nach 10 Stunden höchstens erreicht?

48. Bei Röntgenuntersuchungen werden bestimmte Körperteile durch Bleischürzen abgeschirmt. Die Intensität $I(1)$ einer Röntgenstrahlung nach dem Durchdringen einer 1 mm dicken Bleiplatte beträgt nur noch 95 % der vorher vorhandenen Intensität I_0. Lege eine Wertetabelle mit den Spalten „Dicke der Bleischicht (d)" und „Noch vorhandene Strahlungsintensität $I(d)$" an. Bestimme die zugehörige Funktionsgleichung. Wie viel Prozent der ankommenden Strahlung schirmt eine 20 mm dicke Bleischürze ab?

F Trigonometrie

1 Die Definitionen der Winkelfunktionen im rechtwinkligen Dreieck

In einem rechtwinkligen Dreieck gilt:
- Der Sinus eines Winkels ist gleich dem Verhältnis aus der Länge der Gegenkathete zur Länge der Hypotenuse.
- Der Kosinus eines Winkels ist gleich dem Verhältnis aus der Länge der Ankathete zur Länge der Hypotenuse.
- Der Tangens eines Winkels ist gleich dem Verhältnis aus der Länge der Gegenkathete zur Länge der Ankathete.

Beispiel

Bilde $\sin\alpha$, $\cos\alpha$, $\tan\alpha$ und $\tan\beta$ in dem abgebildeten Dreieck ABC (mit $\gamma = 90°$).

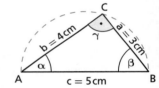

Lösung

$\sin\alpha = \frac{a}{c} = \frac{3}{5} = 0{,}6$; $\cos\alpha = \frac{b}{c} = \frac{4}{5} = 0{,}8$

$\tan\alpha = \frac{a}{b} = \frac{3}{4} = 0{,}75$; $\tan\beta = \frac{b}{a} = \frac{4}{3} \approx 1{,}3333$

Die Sinus- und Kosinuswerte von Winkeln in einem rechtwinkligen Dreieck liegen zwischen 0 und 1. Zusätzlich ist definiert:

$\sin 0° = 0$; $\sin 90° = 1$; $\cos 0° = 1$; $\cos 90° = 0$.

Tangenswerte für Winkel zwischen 0° und 90° liegen zwischen 0 und ∞. Zusätzlich ist definiert $\tan 0° = 0$. $\tan 90°$ existiert nicht.

Zu jedem Winkel im rechtwinkligen Dreieck ($\neq 90°$) gehört eine bestimmte reelle Zahl als Sinus-, Kosinus- bzw. Tangenswert und umgekehrt. In der Regel ruft man diese Werte vom Taschenrechner ab.

Aufgaben

1. Bilde $\sin\alpha$, $\cos\alpha$, $\tan\alpha$ in den drei rechtwinkligen Dreiecken.

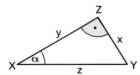 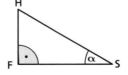 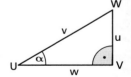

2. Es gibt zwei ganz unterschiedliche Gründe, warum das Dreieck in der Abbildung für die Beispiele oben rechtwinklig sein muss. Nenne sie.

2 Berechnungen von Seitenlängen und Winkelgrößen in rechtwinkligen Dreiecken

Sind von einem rechtwinkligen Dreieck die Größe eines spitzen Winkels und die Länge einer Seite bzw. die Längen zweier Seiten bekannt, kann man die fehlenden Stücke des Dreiecks mithilfe von Winkelfunktionen berechnen. Solche Rechnungen gehören ins Gebiet der **Trigonometrie**.

Tipp

Lege zunächst eine Probefigur (Planfigur) an. Sie wird in der Regel nicht in Originalgröße gezeichnet. Es kommt nur darauf an, das Wesentliche der Figur richtig darzustellen und sie so zu bezeichnen, wie es der Text verlangt bzw. allgemein üblich ist. Hebe die gegebenen Stücke farbig hervor und überlege dann, wie du weiter vorgehen willst.

Beispiel 1

Gegeben ist ein rechtwinkliges Dreieck ABC ($\gamma = 90°$) mit $\alpha = 42,4°$; $c = 6,60\,\text{cm}$. Berechne die Seitenlängen a und b.

Probefigur

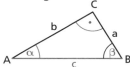

Herleitungen
(1) $\sin\alpha = \frac{a}{c}$
$\Rightarrow a = c \cdot \sin\alpha$
(2) $\cos\alpha = \frac{b}{c}$
$\Rightarrow b = c \cdot \cos\alpha$

Rechnungen
(1) $a = 6,6\,\text{cm} \cdot \sin 42,4°$
$= 4,45\,\text{cm}$
(2) $b = 6,6\,\text{cm} \cdot \cos 42,4°$
$= 4,87\,\text{cm}$

Die Seitenlängen betragen $a \approx 4,45\,\text{cm}$ und $b \approx 4,87\,\text{cm}$.
Eine Kontrolle kann mithilfe des Satzes von Pythagoras erfolgen:
Es muss gelten $a^2 + b^2 = c^2$, im Beispiel $4,45^2 + 4,87^2 = 6,60^2$
$\Rightarrow 43,5194 \approx 43,56$: wahr (im Rahmen der vorgenommenen Rundungen).

Beispiel 2

Konstruiere ein gleichschenkliges Dreieck ABC ($a = b$) aus $a = 5,4\,\text{cm}$; $c = 3,8\,\text{cm}$. Miss und berechne die Größe aller Dreieckswinkel. Vergleiche.

Probefigur

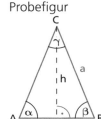

Herleitungen
Im rechtwinkligen Dreieck
FBC gilt: (1) $\overline{FB} = \frac{c}{2}$
(2) $\cos\beta = \frac{\overline{FB}}{a} \Rightarrow \beta$
Im gleichschenkligen
Dreieck ABC ist (3) $\alpha = \beta$
und (4) $\gamma = 180° - 2\beta$

Rechnungen
(1) $\overline{FB} = 1,9\,\text{cm}$
(2) $\cos\beta = \frac{1,9\,\text{cm}}{5,4\,\text{cm}}$
$\Rightarrow \beta = 69,3994°$ (TR)
(3) $\alpha \approx 69,4°$
(4) $\gamma \approx 180° - 2 \cdot 69,4°$
$\Rightarrow \gamma \approx 41,2°$

Antwort: Die beiden Basiswinkel α und β sind rund 69,4°, der Winkel γ an der Spitze des gleichschenkligen Dreiecks ABC ist rund 41,2° groß.
Die Kontrolle erfolgt durch den Vergleich der Messwerte mit den Rechenwerten.

Aufgaben

3. Gegeben ist ein rechtwinkliges Dreieck ABC mit $\gamma = 90°$ aus:
a) $\beta = 52{,}4°$ und $c = 6{,}3\,cm$ b) $a = 4{,}2\,cm$ und $c = 7{,}4\,cm$
c) $b = 3{,}6\,cm$ und $c = 6{,}1\,cm$ d) $\alpha = 43{,}5°$ und $a = 4{,}5\,cm$
e) $a = 4{,}6\,cm$ und $b = 5{,}8\,cm$ f) $\beta = 51{,}8°$ und $a = 4{,}5\,cm$
Berechne die fehlenden Winkelgrößen und Seitenlängen und führe eine Kontrolle deiner Rechnungen durch.

4. In einem rechtwinkligen Dreieck AMH sind die Längen $s = 7{,}5\,cm$ und $h = 6{,}0\,cm$ gegeben.

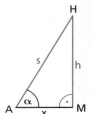

Runde im Antwortsatz Winkelgrößen und Längen auf so viele Stellen nach dem Komma, wie die gegebenen Stücke als Messgenauigkeit ausweisen.

a) Wie heißt hier die Hypotenuse? Welche Seite ist Ankathete, welche Gegenkathete von α?
b) Berechne die Größe von α und die Länge von x mit trigonometrischen Mitteln.
c) Kontrolliere dein Rechenergebnis.

5. Berechne die fehlenden Winkelgrößen, Seitenlängen und den Flächeninhalt eines gleichschenkligen Dreiecks ABC ($a = b$) aus:
a) $a = 5{,}8\,cm$ und $c = 8{,}2\,cm$ b) $\alpha = 60{,}8°$ und $a = 7{,}9\,cm$.
Kontrolliere deine Rechenergebnisse, indem du die Dreiecke konstruierst und die Größen der nicht gegebenen Winkel bzw. Seiten misst.

3 Berechnungen in ebenen Figuren

Beispiel

In einem Rechteck ABCD schneiden sich die Diagonalen e und f unter $46{,}2°$. Außerdem ist $e = f = 7{,}6\,cm$. Berechne die Seitenlängen des Rechtecks.

Probefigur   ergänzte Probefigur

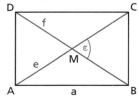

Die Probefigur wird um die Mittellinien WY und XZ ergänzt. Es entstehen acht kongruente rechtwinklige Dreiecke.

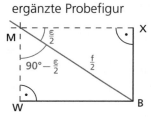

Herleitungen
Im Dreieck WBM gilt: $\overline{WB} = \frac{1}{2}a$
(weil W Mittelpunkt von $\overline{AB}$)
$\sin\left(90° - \frac{\varepsilon}{2}\right) = \frac{\frac{a}{2}}{\frac{e}{2}}$
$\Rightarrow a = e \cdot \sin\left(90° - \frac{\varepsilon}{2}\right)$
Rechnungen:
$a = 7{,}6\,cm \cdot \sin 66{,}9°$
$\Rightarrow a \approx 6{,}9905\,cm$

Im Dreieck BXM gilt: $\overline{BX} = \frac{1}{2}b$
(weil X Mittelpunkt von $\overline{BC}$)
$\sin\frac{\varepsilon}{2} = \frac{\frac{b}{2}}{\frac{e}{2}} \Rightarrow b = e \cdot \sin\frac{\varepsilon}{2}$

$b = 7{,}6\,cm \cdot \sin 23{,}1°$
$\Rightarrow b \approx 2{,}9818\,cm$

Antwort: Die Seiten des Rechtecks sind rund 7,0 cm bzw. 3,0 cm lang.
Kontrolle: Im Dreieck ABC muss gelten: $a^2 + b^2 = e^2$,
im Beispiel also $3,0^2 + 7,0^2 = 7,6^2 \Rightarrow 58,00 \approx 57,76$: wahr, wenn man die
Rundungen berücksichtigt.

Aufgaben

6. Berechne die fehlenden Stücke und den
Flächeninhalt der Raute ABCD.
Gegeben sind:
a) $a = 4,0$ cm und $\alpha = 60,0°$
b) $e = 10,2$ cm und $\alpha = 66,4°$

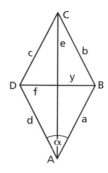

7. Die Seitenlängen eines Rechtecks ABCD sind gegeben: $a = 8,4$ cm und
$b = 4,8$ cm. Unter welchem Winkel schneiden sich die Diagonalen.
Berechne die Länge einer Diagonale. Kontrolliere deine Rechnung.

8. Gegeben ist ein gleichschenkliges Trapez ABCD aus:
a) $a = 7,4$ cm; $b = 4,4$ cm; $\alpha = 72,6°$
b) $a = 8,2$ cm; $b = 5,2$ cm; $h_a = 4,6$ cm
Berechne die fehlenden Winkelgrößen und
Seitenlängen.

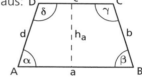

9. Gegeben ist ein Trapez ABCD mit den Maßen aus
der Abbildung. Berechne den Flächeninhalt A
und den Umfang u. Tipp: Zerlege das Trapez
in ein Rechteck und zwei Dreiecke.

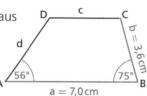

10. Zeichne die Gerade zu $y = 2x - 4$ in ein Achsenkreuz (Einheit 1 cm).
Ergänze die Darstellung durch ein Steigungsdreieck.
a) Zeige: $m = 2$ ist der Tangens des Steigungswinkels am Schnittpunkt der Geraden mit der x-Achse.
b) Wie groß ist der Steigungswinkel?

11. Am Anfang einer schnurgeraden Gefällestrecke
entdeckt Sophie dieses Schild und sagt zu Ihrem
Vater „Jetzt aber vom Gas".
a) Unter welchem Winkel fällt die Straße?
b) Um wie viel Meter sind sie nach 400 m Fahrt
tiefer als zu Beginn des Gefälles?

12. Martin erzählt von seinen Ferienerlebnissen in den Alpen: „Hinter unserer Pension war ein Steilhang, da hätte man ein Schild mit der Aufschrift ‚Steigung 50 %' aufstellen müssen."
   a) Übertreibt Martin oder gibt es solche Hänge wirklich?
   b) Was bedeutet eine Steigung von 100 % (150 %) ?

13. Untersuche ein gleichseitiges Dreieck ABC mit a = b = c = 6,0 cm.
   a) Zeichne das Dreieck und miss die Länge einer Höhe.
   b) Berechne die Länge einer Höhe mithilfe trigonometrischer Mittel und mit dem Satz des Pythagoras.
   c) Leite nun allgemein Formeln für die Länge einer Höhe und den Flächeninhalt eines gleichseitigen Dreiecks her. Nenne die Seitenlänge s.

14. In einem Kreis mit dem Radius r = 3,8 cm ist ein Mittelpunktswinkel der Größe α = 78,3° eingezeichnet.

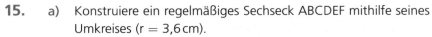

   a) Berechne die Länge s der zugehörigen Sehne $\overline{AB}$.
   b) Berechne die Länge der zugehörigen Dreieckshöhe (gestrichelte Strecke).
   c) Der Kreis wird vom Mittelpunkt M aus im Maße k = 2 gestreckt. Wie lang sind die fraglichen Strecken im großen Kreis?

15. a) Konstruiere ein regelmäßiges Sechseck ABCDEF mithilfe seines Umkreises (r = 3,6 cm).
   b) Berechne den Flächeninhalt des Sechsecks. Tipp: Beim regelmäßigen Sechseck ist eine Seite genau so lang wie der Umkreisradius.

16. An einen Kreis mit dem Radius r = 3,2 cm wird von einem Punkt P ($\overline{PM}$ = 9,6 cm) aus eine Tangente an den Kreis gelegt.
   a) Beschreibe die Konstruktion und führe sie aus.
   b) Berechne die Länge des Tangentenabschnitts t = $\overline{PT}$. (Grafik auf 50 % verkleinert)

▲17. Die Fläche und der Umfang des abgebildeten Ackerstückes sollen berechnet werden. Welche Winkel und Strecken sollten zusätzlich ausgemessen werden? Entwirf eine Herleitung.

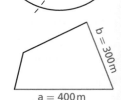

b = 300 m

a = 400 m

4   Die allgemeine Sinusfunktion und Kosinusfunktion

Ein Kreis mit dem Radius 1 wird **Einheitskreis** genannt.

Analog zur Definition im rechtwinkligen Dreieck (Seite 58) gilt im Einheitskreis mit dem Mittelpunktswinkel α:

$\sin\alpha$ = Länge der y-Koordinate des Punktes K

$\cos\alpha$ = Länge der x-Koordinate des Punktes K.

Dabei nimmt man als Ausgangslage von K den Punkt (1 | 0) auf der x-Achse an und als zugehörigen Winkel $\alpha = 0°$. Wenn man zulässt, dass der Punkt K in den 2., 3. und 4. Quadranten wandert, sind die **Sinus- und Kosinusfunktion** für Winkel **von 0° bis 360° definiert.**

Wichtige Funktionswerte:

$\sin 0° = \sin 180° = \sin 360° = 0;\ \sin 270° = -1;$

$\cos 90° = \cos 270° = 0;\ \cos 180° = -1;\ \cos 0° = \cos 360° = 1.$

Wichtige Beziehungen:

$\sin(180° - \alpha) = \sin\alpha;\ \sin(180° + \alpha) = \sin(360° - \alpha) = -\sin\alpha;$

$\cos(180° + \alpha) = \cos(180° - \alpha) = -\cos\alpha.$

Entwickle aus den verschiedenen Lagen des Punktes K im Einheitskreis den Graphen der Sinusfunktion im Bereich $0° \leq \alpha \leq 360°$.

Beispiel

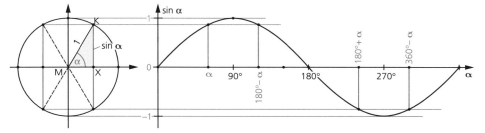

Aufgaben

18.   Entwickle aus den bekannten Kosinuswerten für $\alpha = 0°$, 60°, 90°, 120°, 180°, 240°, 270°, 300° und 360° den Graphen der Kosinusfunktion im Bereich $0° \leq \alpha \leq 360°$. Skizziere die Kosinuskurve.

19.   Ergänze die Darstellung aus Aufgabe 18 um eine skizzierte Sinuskurve. Bestätige dann die unten genannten Beziehungen zwischen Kosinus- und Sinuswerten. $\cos(90° - \alpha) = \sin\alpha;\ \cos(90° + \alpha) = -\sin\alpha$

5   Berechnungen im allgemeinen Dreieck

Im allgemeinen Dreieck ABC gelten zur Berechnung von Winkelgrößen und Seitenlängen:

Der **Sinussatz** $\frac{a}{\sin\alpha} = \frac{b}{\sin\beta} = \frac{c}{\sin\gamma}$ oder $\frac{\sin\alpha}{\sin\beta} = \frac{a}{b}$

Der **Kosinussatz** $a^2 = b^2 + c^2 - 2 \cdot b \cdot c \cdot \cos\alpha$
$$b^2 = a^2 + c^2 - 2 \cdot a \cdot c \cdot \cos\beta$$
$$c^2 = a^2 + b^2 - 2 \cdot a \cdot b \cdot \cos\gamma$$

Beispiel

Berechne die fehlenden Winkelgrößen und Seitenlängen eines Dreiecks ABC.
Gegeben sind:
a = 7,8 cm; α = 51,2°; β = 42,7°.
Führe eine geeignete Kontrolle deiner Rechnung durch.

Probefigur

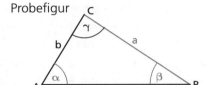

Herleitungen

(1) $\frac{b}{\sin\beta} = \frac{a}{\sin\alpha} \Rightarrow b = \frac{a}{\sin\alpha} \cdot \sin\beta$

(2) $\gamma = 180° - \alpha - \beta$

(3) $\frac{c}{\sin\gamma} = \frac{a}{\sin\alpha} \Rightarrow c = \frac{a}{\sin\alpha} \cdot \sin\gamma$

Rechnungen

(1) $b = \frac{7,8\,cm}{\sin 51,2°} \cdot \sin 42,7°$
$\Rightarrow b \approx 6,7874\,cm$ (auf 4 Stellen nach dem Komma gerundet)

(2) $\gamma = 180° - 51,2° - 42,7°$
$= 86,1°$

(3) $c = \frac{7,8\,cm}{\sin 51,2°} \cdot \sin 86,1°$
$\Rightarrow c \approx 9,9853\,cm$

Antwort: Die fehlenden Größen sind b = 6,8 cm; c = 10,0 cm und γ = 86,1°.
Probe: Zum Beispiel mithilfe des Kosinussatzes a berechnen:
$a^2 = 6,7874^2 + 9,9853^2 - 2 \cdot 6,7874 \cdot 9,9853 \cdot \cos 51,2°$
$= 145,7750 - 84,9352 = 60,8398$
$\Rightarrow a = \sqrt{60,8398} \approx 7,99987 \approx 7,8.$
Dieser Wert für a war gegeben.

Aufgaben

20.   Berechne die fehlenden Winkelgrößen und Seitenlängen eines Dreiecks ABC. Gegeben sind:

a)   c = 6,7 cm
α = 67,2°
γ = 57,8°

b)   b = 5,7 cm
β = 42,2°
γ = 64,1°

c)   a = 4,1 cm
b = 3,1 cm
α = 68,4°

d)   a = 5,4 cm
b = 9,5 cm
β = 111,3°

21.   In einem Parallelogramm ABCD sind gegeben: a = 5,4 cm; e = 7,8 cm; β = 121,2°. Berechne die Länge der Seite b und die Länge der Diagonalen f.

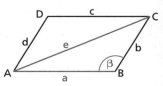

Du kennst die vier Kongruenzsätze für allgemeine Dreiecke. Berechne
mithilfe des Sinussatzes in den Fällen SSW und WWS, in den Fällen SWS und
SSS hilft nur der Kosinussatz weiter.

Tipp

▲22. In einem allgemeinen Dreieck ABC sind zwei
Seiten und der eingeschlossene Winkel
gegeben. Es liegt also der Fall SWS vor.
Leite eine Formel her, mit der man den
Flächeninhalt des Dreiecks berechnen kann.
a) Gegeben b, c und α.
b) Gegeben a, c und β.

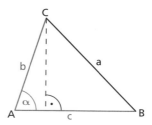

▲23. Berechne die fehlenden Winkelgrößen, Seitenlängen und den Flächeninhalt eines Dreiecks ABC. Gegeben sind:
a) $a = 4,6\,cm$; $c = 5,3\,cm$; $\beta = 69,1°$
b) $a = 5,4\,cm$; $b = 6,6\,cm$; $c = 8,0\,cm$.

6 Anwendungen

24. Auf einem Turm befindet sich eine Antennen-
anlage, deren Länge von unten aus bestimmt
werden soll. Dazu werden eine waagerechte
Standlinie $\overline{AB} = s = 54,36$ m und die Erhebungswinkel $\alpha = 32,4°$;
$\beta = 37,4°$ gemessen.

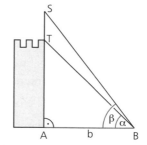

25. Um die Höhe des Hausberges zu
bestimmen, wird auf einem waagerechten
Gelände im Tal eine Standlinie
$s = \overline{AB} = 250,00\,m$ bestimmt, die genau
auf den Fuß des Berges zuläuft. Außerdem
werden die Erhebungswinkel $\alpha = 38,92°$
und $\delta = 50,67°$ gemessen. Die Standlinie
liegt 152,50 m über NN.

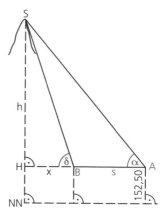

26. Berechne die Längen der Seiten a und c und die Größe des Winkels α in
einem rechtwinkligen Dreieck ABC ($\gamma = 90°$) .
Gegeben: $b = 3,0\,cm$; $s_a = 3,6\,cm$.

7 Test

27. Konstruiere ein gleichschenkliges Trapez ABCD aus $\overline{AB} = 6{,}4\,cm$; $\overline{CD} = 4{,}4\,cm$ und $\alpha = \angle DAB = 73{,}0°$. Zeichne die Diagonalen $e = \overline{AC}$ und $f = \overline{BD}$ ein.
   a) Berechne die Längen der Diagonalen.
   b) Welchen Abstand hat der Schnittpunkt S der Diagonalen von den Seiten a und b des Trapezes?

28. Untersuche die Parallelogramme $A_1B_1C_1D_1$, $A_2B_2C_2D_2$ und $A_3B_3C_3D_3$. Die Eckpunkte $A_1 = A_2 = A_3$ und $B_1 = B_2 = B_3$ liegen auf der x-Achse eines Koordinatensystems mit den Koordinaten $A_1(-3\,|\,0)$, $B_1(3\,|\,0)$. Die Punkte D_1, D_2, D_3 liegen auf der y-Achse. Ihre y-Werte heißen 1, 2, 3.
   a) Zeichne diese Parallelogramme in ein Achsenkreuz (Einheit 1 cm).
   b) Berechne die Größen von α_1, α_2, α_3 und die Längen der Diagonalen $\overline{AC_1}$, $\overline{AC_2}$ und $\overline{AC_3}$. Stelle deine Ergebnisse in einer Tabelle dar.

29. Konstruiere ein allgemeines Dreieck ABC aus $a = \overline{BC} = 4{,}6\,cm$; $b = \overline{AC} = 4{,}0\,cm$; $h_c = 3{,}6\,cm$.
   a) Berechne die Länge der Seite c und die Größe des Winkels β.
   b) Berechne die Längen der Höhen des Dreiecks.
   c) Nenne den Schnittpunkt der Höhen H. Berechne den Abstand des Punktes H von der Seite c.

30. Am südlichen Ufer eines Flusses ist eine Standlinie $\overline{AB} = 100{,}00\,m$ abgesteckt. Der Punkt N am nördlichen Ufer wird von A aus unter $\alpha = 44{,}3°$ und von B aus unter $\beta = 71{,}9°$ angepeilt.
   a) Wie weit ist es von A nach N?
   b) Wie breit ist der Fluss?

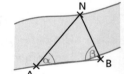

31. In der Abbildung ist das Wiesenstück von Bauer Hinrichs dargestellt. Das dreieckige Teilstück CDE hat er zum Preise von $1{,}50\,\frac{\text{€}}{\text{m}^2}$ dazu gekauft.
   a) Wie viel Euro kostete es?
   b) Er will einen Elektrozaun um die ganze Wiese spannen. Wie lang muss der Draht mindestens sein?

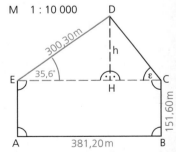

   c) Für die Wiese werden Abgaben an den Wasser- und Bodenverband fällig, und zwar jährlich 11,00 Euro pro Hektar. Wie viel Euro muss Bauer Hinrichs an den Verband zahlen?

G Figuren und Körper

1 Grundlagen

Satz des Pythagoras: $a^2 + b^2 = c^2$
In jedem rechtwinkligen Dreieck hat die Summe
der beiden Kathetenquadrate denselben
Flächeninhalt wie das Hypotenusenquadrat.

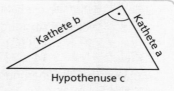

Flächeninhalt von Dreiecken und Vierecken

| Dreieck | Rechteck | Parallelogramm | Trapez |

 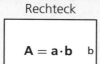 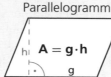 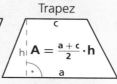

Schrägbilder von Körpern
Für ein normiertes Schrägbild gilt:
1. Vorderfläche zeichnen.
2. Senkrecht nach hinten verlaufende Kanten
   mit einem Winkel von 45° und mit halber
   Kantenlänge darstellen.
3. Unsichtbare Kanten gestrichelt zeichnen

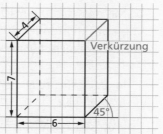

Aufgaben

1. Berechne die gesuchten Längen. Runde auf mm.

a) b) 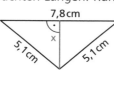 c)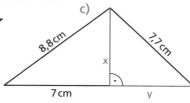

2. Zerlege die Figuren geschickt in bekannte Figuren und berechne dann
den Flächeninhalt. Alle Angaben in cm, runde auf mm.

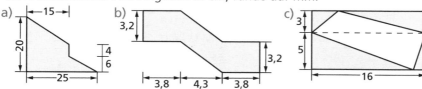

3. Zeichne den Körper im Maßstab 1:20 im Schrägbild: a) Würfel mit
a = 60 cm; b) Quader mit a = 40 cm, b = 80 cm, c = 95 cm

2   Kreis und Kreisteile

Umfang und Flächeninhalt von Kreisen
Ein Kreis mit dem Radius r und dem Durchmesser d besitzt

den Umfang	den Flächeninhalt

$u = \pi \cdot 2r$ $A = \pi \cdot r^2$

bzw. $u = \pi \cdot d$ bzw. $A = \pi \cdot \left(\frac{d}{2}\right)^2 = \pi \cdot \frac{d^2}{4}$

Die Kreiszahl $\pi = 3{,}141592\ldots$ ist eine irrationale Zahl. Sie kann als Dezimalbruch nur näherungsweise angegeben werden.
Ohne TR rechnet man mit $\pi \approx 3{,}14$.

Beispiele

a) Eine kreisförmige Beregnungsfläche hat einen Durchmesser von 50 m. Berechne den Umfang und den Flächeninhalt der beregneten Fläche näherungsweise schriftlich und mit dem TR.
1. Schriftlich: $u \approx 3{,}14 \cdot 50\,m = 157\,m$; $A \approx 3{,}14 \cdot (25\,m)^2 = 1962{,}50\,m^2$
2. Mit dem TR: $u = \pi \cdot 50\,m = 157{,}08\,m$; $A = \pi \cdot (25\,m)^2 = 1963{,}4954\,m^2$

b) Von zwei kreisrunden Spiegeln hat der eine einen Umfang von 1,50 m; der andere einen Flächeninhalt von 1,5 m². Berechne jeweils den Radius in cm.

	Spiegel 1	Spiegel 2
1. In die gesuchte Einheit umwandeln	$u = 1{,}50\,m = 150\,cm$	$A = 1{,}5\,m^2$ $= 15\,000\,cm^2$
2. Einsetzen und Formeln nach r auflösen	$\pi \cdot 2\,r = 150\,cm$ $r = \frac{150\,cm}{2\pi}$ $r = 23{,}87\,cm$	$\pi \cdot r^2 = 15\,000\,cm^2$ $r^2 = \frac{15\,000\,cm^2}{\pi}$ $r = \sqrt{\frac{15\,000\,cm^2}{\pi}}$ $r = 69{,}10\,cm$

Aufgaben

4. Miss den Durchmesser a) einer 5-Cent- und b) einer 2-Euro-Münze millimetergenau und bestimme den Umfang sowie den Flächeninhalt einer Seite.

5. Bestimme die fehlenden Größen des Kreises.

	r	d	u	A
a)			85,526 km	
b)				855,30 cm²

6. Gegeben sind vier Kreise mit $r = 1{,}5\,\text{cm}$, $r = 3\,\text{cm}$; $r = 6\,\text{cm}$ und $r = 12\,\text{cm}$.
   a) Berechne jeweils u und A.
   b) Welcher Zusammenhang fällt dir zwischen r und u bzw. r und A auf?

7. Familie Fischer hat einen runden Esstisch mit einem Durchmesser von 1,25 m.
   a) Wie viel Platz hat jedes der fünf Familienmitglieder an diesem Tisch?
   b) Welchen Durchmesser muss die runde Tischdecke haben, deren Flächeninhalt 10 % größer ist als der Tisch?

8. Die Räder von Katharinas 26er-Fahrrad haben voll aufgepumpt einen Radius von 32,5 cm.
   a) Wie oft dreht sich ein Rad auf ihrem 7 km langen Schulweg?
   b) Das Rad ihrer Schwester dreht sich auf derselben Strecke etwa 4000-mal. Welchen Radius hat dieses?

Der **Kreisring** ist die Fläche zwischen zwei Kreisen mit demselben Mittelpunkt und zwei verschieden Radien $r_{\text{außen}}$ (r_a) und r_{innen} (r_i).

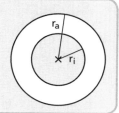

---

9. Berechne den Flächeninhalt des Kreisringes.
   a) $r_a = 6\,\text{cm}$; $r_i = 2\,\text{cm}$
   b) $r_a = 5{,}50\,\text{m}$; $r_i = 4{,}75\,\text{m}$

10. Um ein kreisförmiges Blumenbeet mit einem Durchmesser von 3,50 m wird eine ringförmige Rasenfläche gesät. Diese ist 1,50 m breit.
   a) Das Blumenbeet soll mit Rosen (3 Pflanzen pro m²) bepflanzt werden.
   b) Für die Rasenfläche ist eine Rasenmischung geplant (100 g pro m²).

11. Berechne den Flächeninhalt und den Umfang der eingefärbten Flächen (Maßangaben in cm).
   a)

   b)

   c)

12.   Zeichne ein Quadrat (a = 5 cm) und seinen Inkreis sowie Umkreis. Welchen Flächeninhalt hat der entstehende Kreisring?

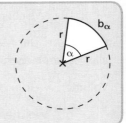

Ein **Kreissektor (Kreisausschnitt)** ist durch den Radius r und den **Mittelpunktswinkel** α festgelegt.

Es gilt:
Flächeninhalt $A = \pi \cdot r^2 \cdot \frac{\alpha}{360°}$
Bogenlänge $b_\alpha = \pi \cdot 2r \cdot \frac{\alpha}{360°}$

Beispiel   Zeichne einen Kreissektor mit r = 4,2 cm und dem Mittelpunktswinkel α = 75°. Berechne dann den Flächeninhalt und den Umfang dieser Figur.

1. $A_\alpha = \pi \cdot r^2 \cdot \frac{\alpha}{360°} \Rightarrow A = \pi \cdot (4{,}2\,\text{cm})^2 \cdot \frac{55°}{360°} \Rightarrow A = 8{,}47\,\text{cm}^2$

2.   Der Umfang des Kreissektors besteht aus der Bogenlänge und zwei Strecken der Länge r, also: $u = 2r + b_\alpha$; $b_\alpha = \pi \cdot 2r \cdot \frac{\alpha}{360°}$
     Einsetzen von r und α liefert: $u = 2 \cdot 4{,}2\,\text{cm} + \pi \cdot 2 \cdot 4{,}2\,\text{cm} \cdot \frac{55°}{360°}$
     $\Rightarrow u = 12{,}43\,\text{cm}$

Aufgaben   **13.**   Berechne Flächeninhalt und Umfang der Figur (Maßangaben in cm).

a)

b)

c)

14.   Der Heckscheibenwischer eines Autos hat eine Gesamtlänge von 430 mm und dreht sich um einen Winkel von 165°.
Wie groß ist die gereinigte Fläche in cm², wenn das Wischerblatt eine Länge von 345 mm hat?

15.   Der große Zeiger einer Armbanduhr ist 15 mm lang.
Welchen Weg legt die Zeigerspitze in 10 min zurück und wie groß ist die dabei überstrichene Fläche?

3 Prisma und Zylinder

Ein **Prisma** ist ein Körper mit zwei parallelen und kongruenten Vielecken als Grund- und Deckfläche. Der Mantel ist der Flächeninhalt aller Seitenflächen.

Volumen = Grundfläche · Körperhöhe
$$V = G \cdot h_k$$

Oberfläche = 2 · Grundfläche + Mantel
$$O = 2G + M$$

Mantel = Umfang der Grundfläche · Körperhöhe
$$M = u \cdot h_k$$

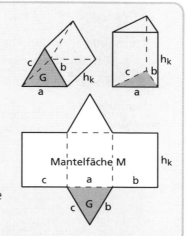

Aus zwei Holzwürfeln mit der Kantenlänge $a = 10\,cm$ wurden diese Prismen hergestellt (Maßangaben in cm). Berechne ihr Volumen und ihre Oberfläche.

Beispiel

1. Zur Berechnung der Grundfläche zeichnet man den Grundriss des Prismas maßgerecht oder als Planfigur und berechnet die fehlenden Seitenlängen.

Die Grundfläche G ist ein gleichschenkeliges Dreieck mit $b = c$.

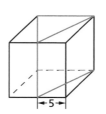

Die Grundfläche G ist ein gleichschenkeliges Trapez mit $d = b$.

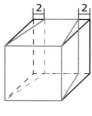

$b^2 = 10^2 + 5^2$ (cm²)
$\Rightarrow b = 11{,}1803\,cm$ [M] (= c)

$b^2 = 10^2 + 2^2$ (cm²)
$\Rightarrow b = 10{,}198\,cm$ [M] (= d)

2. Berechnung von G und V

$G = \frac{1}{2} \cdot g \cdot h$
$G = \frac{1}{2} \cdot 10\,cm \cdot 10\,cm = 50\,cm^2$
$V = 50\,cm^2 \cdot 10\,cm = 500\,cm^3$

$G = \frac{1}{2} \cdot (a + c) \cdot h_k$
$G = \frac{1}{2} \cdot (10\,cm + 6\,cm) \cdot 10\,cm = 80\,cm^2$
$V = 80\,cm^2 \cdot 10\,cm = 800\,cm^3$

[M]:
Ergebnis im Speicher des TR ablegen

3. Berechnung von M und O

$M = (a + 2 \cdot b) \cdot h_k$
$M = (10\,cm + 2 \cdot [MR]\,cm) \cdot 10\,cm$
$M = 323{,}61\,cm^2$
$O = 2 \cdot 50\,cm^2 + 323{,}61\,cm^2$
$O = 423{,}61\,cm^2$

$M = (a + 2 \cdot b + c) \cdot h_k$
$M = (10\,cm + 2 \cdot [MR]\,cm + 6\,cm) \cdot 10\,cm$
$M = 363{,}96\,cm^2$
$O = 2 \cdot 80\,cm^2 + 363{,}96\,cm^2$
$O = 523{,}96\,cm^2$

[MR]:
Aufruf aus dem Speicher

Aufgaben   **16.**   Gegeben ist die Grundfläche eines 5 cm hohen Prismas. Zeichne den Körper in geeignetem Schrägbild und berechne Oberfläche und Volumen (Maßangaben in mm).

a)   b) 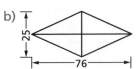   c)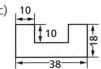

17.   Berechne die fehlenden Angaben eines Prismas.

	G	h_k	V	M	O
a)	136 cm²		1700 cm³	625 cm²	
b)		6,5 cm	260 cm³	166 cm²	

Merke Dir die **Verwandlungszahl 100 bei Flächeneinheiten**:
$$1\,m^2 = 100\,dm^2 = 10\,000\,cm^2 = 1\,000\,000\,mm^2$$
und die **Verwandlungszahl 1000 bei Volumeneinheiten**:
$$1\,m^3 = 1000\,dm^3 = 1\,000\,000\,cm^3 = 1\,000\,000\,000\,mm^3$$
Masse eines Körpers = Volumen des Körpers · Dichte des Stoffes,
kurz $m = V \cdot \varrho$

Aufgaben   **18.**   In der Keksfabrik werden zwei Pappverpackungen in Prismenform verwendet: Form A hat als Grundfläche ein gleichseitiges Dreieck (a = 75 mm), Form B ein regelmäßiges Sechseck (a = 45 mm). Die Packungen sind jeweils 15 cm lang; für Verschnitt und Klebefalze wird eine Zulage von 5 % geplant. Für eine Monatsproduktion werden 750 000 Stück von Form A und 1,2 Mio Stück von Form B benötigt. Gib die Ergebnisse in geeigneter Einheit an.

19.   Die deutsche Post bietet u. a. folgende Kartonverpackungen an:
Größe S: 245 x 160 x 95 mm   Größe M: 350 x 250 x 120 mm
Größe L: 400 x 250 x 150 mm   Größe XL: 500 x 300 x 200 mm
a)   Berechne die Volumina in dm³.
b)   Um wie viel % vergrößert sich das Volumen von Größe zu Größe?

▲ **20.**   Ein Stahlträger mit dem abgebildeten Profil (Maßeinheiten in mm) ist 3,50 m lang.
a)   Wie groß ist seine gesamte Oberfläche?
b)   Wie schwer ist der Träger?
$\left(\varrho_{Stahl} = 7,9\,\frac{g}{cm^3}\right)$

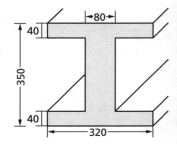

Ein **Zylinder** ist ein Körper mit zwei parallelen und kongruenten Kreisen als Grund- und Deckfläche. Sein Mantel ist ein Rechteck.

Volumen = Grundfläche · Körperhöhe
$V = G \cdot h_k$
$V = \pi \cdot r^2 \cdot h_k$

Oberfläche = 2 · Grundfläche + Mantel
$O = 2G + M$; mit $M = u \cdot h_k$
$O = 2 \cdot \pi \cdot r^2 + 2 \cdot \pi \cdot r \cdot h_k = 2 \cdot \pi \cdot r \, (r + h_k)$

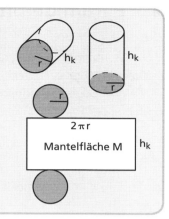

Beispiel

Kerstin liest auf einer zylinderförmigen Getränkedose „0,33 ℓ Doseninhalt".
Sie misst an der Dose einen Umfang von 20,2 cm und eine Höhe von 11,0 cm ab.

a)   Kann die Angabe des Dosenherstellers stimmen?

b)   Wie viel m² Blech werden für die Tagesproduktion von 50 000 Dosen etwa benötigt, wenn mit 7,5 % Zulage für die Herstellung zu rechnen ist?

Lösungen

a)   1.   Löse die Umfangsformel $2 \cdot \pi \cdot r = 20{,}2$ cm nach r auf.
Du erhältst $r = \frac{10{,}1 \, cm}{\pi} = 3{,}2149\ldots$ cm [M] $\approx 3{,}2$ cm.

2.   Berechne das Volumen: $V = \pi \cdot [MR]^2 \, cm^2 \cdot 11 \, cm \approx 357{,}179 \, cm^3$

3.   Rechne das Volumen in ℓ um: $357{,}179 \, cm^3 \approx 0{,}357 \, cm^3 \approx 0{,}357 \, ℓ$

Antwort: Die Angabe des Herstellers kann stimmen.

b)   1.   Oberfläche einer Dose: $O = 2 \cdot \pi \cdot r^2 + u \cdot 11$
$\Rightarrow O = 2 \cdot \pi \cdot [MR]^2 \, (cm^2) + 20{,}2 \, cm \cdot 11 \, cm = 287{,}141\ldots \, cm^2$ [M]

2.   Blechfläche pro Tag: $50 \, 000 \cdot [MR] \, cm^2 = 14 \, 357 \, 079 \, cm^2$

3.   Umrechnung in m²: $14 \, 357 \, 079 \, cm^2 \approx 143 \, 570{,}79 \, dm^2 \approx 1435{,}7079 \, m^2$

4.   Benötigte Gesamtfläche berechnen: $1435{,}7079 \, m^2 \cdot 1{,}075 \approx 1543 \, m^2$

Antwort: Für die Tagesproduktion werden 1543 m² Blech benötigt.

Aufgaben

21.   Welche Oberfläche hat ein 7 cm hoher Zylinder, der ein Volumen von 1308 cm³ besitzt?

22.   Zwischen dem Boiler im Keller und dem Bad im Erdgeschoss sind 7,50 m Kupferrohr verlegt mit einem äußeren Durchmesser von 22 mm und einer Wandstärke von 1 mm.

a)   Wie schwer ist das Kupferrohr? $\left(\varrho_{Kupfer} = 8{,}8 \, \frac{g}{cm^3} \right)$

b)   Wie viel Liter Wasser fasst dieser Leitungsabschnitt?

▲23.   Ein 20 m langes Stahlrohr mit einer inneren Weite von 104 cm hat ein Gewicht von 43,875 t. Welche Wandstärke hat das Rohr? $\left(\varrho_{Stahl} = 7{,}8 \, \frac{g}{cm^3} \right)$

4   Pyramide und Kegel

Die Grundfläche einer **Pyramide** ist ein beliebiges n-Eck
(Dreieck, Viereck, Fünfeck, ...).
Alle dreieckigen Seitenflächen zusammen bilden den
Mantel der Pyramide.

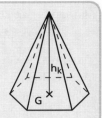

Für alle Pyramiden gilt:
Volumen $= \frac{1}{3}$Grundfläche·Körperhöhe $V = \frac{1}{3}G \cdot h_k$

Oberfläche $=$ Grundfläche $+$ Mantel $O = G + M$

Beispiel   Gegeben ist eine quadratische Pyramide mit der Grundkantenlänge 4 cm und der
Körperhöhe 3 cm.

a)   Zeichne das normierte Schrägbild dieser Pyramide und in dieses Bild einen
Körperschnitt ein, der senkrecht zur Grundfläche verläuft, die Körperhöhe h_k
und die Höhe h_a einer Seitenfläche enthält. Berechne h_a.

b)   Zeichne das Netz der Pyramide als Skizze und berechne M.

c)   Wie schwer ist diese Pyramide, wenn sie aus Messing gegossen wird?
$\left(\varrho_{Messing} = 8,5\,\frac{g}{cm^3}\right)$

Lösung a)

1.   Zeichne das Schrägbild (siehe S. 67).
2.   Zeichne das gesuchte rechtwinklige
     Dreieck in das Bild ein.
3.   Berechne h_a. Aus $h_k^2 + \left(\frac{a}{2}\right)^2 = h_a^2$ folgt

     $h_a = \sqrt{h_k^2 + \left(\frac{a}{2}\right)^2} = 3,605...[M]\,cm$

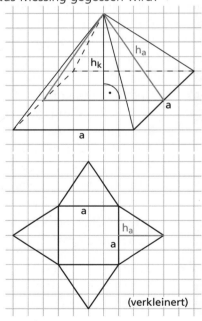

(verkleinert)

Lösung b)

1.   Das Netz dieser Pyramide besteht aus
     vier gleichschenkligen Dreiecken und
     der quadratischen Grundfläche.
2. $M = 4 \cdot \frac{a \cdot h_a}{2} = 2 \cdot a \cdot h_a$
     $\Rightarrow M = 2 \cdot 4\,cm \cdot [MR]\,cm$
     $\Rightarrow M = 28,84\,cm^2$

Lösung c)

1.   Volumen: $V = \frac{1}{3}G \cdot {}_h k \Rightarrow V = 16\,cm^3$
2.   Masse: $m = V \cdot \varrho \Rightarrow m = 16\,cm^3 \cdot 8,5\frac{g}{cm^3} = 136\,g$
     Die Pyramide wiegt also 136 g.

24. Gegeben sind die Grundkante $a = 5\,cm$ und die Körperhöhe $h_k = 4\,cm$ einer quadratischen Pyramide.
  a) Zeichne zunächst das Schrägbild des Körpers.
     Lege in dieses Schrägbild einen Körperschnitt durch die Körperhöhe und zwei gegenüberliegende Seitenkanten s.
  b) Berechne die Länge einer Seitenkante s.

25. Berechne die Mantelfläche M und das Volumen V einer quadratischen Pyramide.
  a) Gegeben sind: $a = 6\,cm$; $h_k = 10\,cm$
  b) Gegeben sind: $a = 5\,cm$; $s = 9\,cm$

26. Für das Volumen einer rechteckigen Pyramide gilt: $V = \frac{1}{3} a \cdot b \cdot h_k$.
  a) Löse diese Formel nach b und nach h_k auf.
  b) Wie verändert sich das Volumen, wenn die Länge beider Grundkanten verdoppelt wird?
  c) Wie verändert sich das Volumen, wenn die Länge der Höhe verdoppelt wird?

27. Eine rechteckige Pyramide ist 5 cm hoch und hat eine Grundfläche, die 6 cm lang und 4 cm breit ist. Skizziere das Netz dieser Pyramide und berechne die Größe der Oberfläche O.

28. Eine quadratische Pyramide mit einer Grundkante von 8 cm hat ein Volumen von 192 cm³. Berechne die Größe der Oberfläche O.

29. Gegeben sind die beiden quadratischen Pyramiden P_1 und P_2.
Berechne die Größe der Mantelflächen M_1 und M_2 beider Pyramiden.

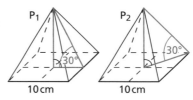

▲30. Eine regelmäßige sechsseitige Pyramide hat die Grundkante $a = 3\,cm$ und die Körperhöhe $h_k = 6\,cm$.
  a) Skizziere das Netz dieser Pyramide.
  b) Berechne die Größe der Oberfläche O.
  c) Berechne das Volumen V.
  Tipp: Hinweise zur Berechnung des regelmäßigen Sechsecks findest du im Kapitel F, Aufgabe 15 (Seite 62).

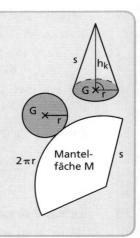

Jeder **Kegel** hat als Grundfläche einen Kreis. Jede
Verbindungsstrecke der Kegelspitze mit einem Punkt
des Grundkreises heißt **Mantellinie s**. Es gilt:
Volumen $= \frac{1}{3}$Grundfläche $\cdot$ Körperhöhe
$$V = \tfrac{1}{3}G \cdot h_k = \tfrac{1}{3}\pi \cdot r^2 \cdot h_k$$
Der Mantel M ist eine Fläche, die sich als Kreisaus-
schnitt mit dem Radius einer Mantellinie s zeichnen
und berechnen lässt: $M = \pi \cdot r \cdot s$. Damit gilt:
Oberfläche = Grundfläche + Mantel
$$O = G + M$$
$$O = \pi \cdot r^2 + \pi \cdot r \cdot s \Leftrightarrow O = \pi \cdot r(r + s)$$

Beispiel   Einen Trichter kann man näherungsweise als Kegel auffassen.
Ein solcher Trichter soll ohne Auslauftülle genau 1 Liter Flüssig-
keit aufnehmen. Der obere Durchmesser der Öffnung ($d = 2\,r$)
und die Trichtertiefe h sollen gleich lang sein.
a)   Welche Längen haben d und h?
b)   Wie groß ist die Innenfläche des Trichters?
Lösung a)
1.   Gegeben ist ein Kegel mit: $V = 1\ell = 1\,dm^3 = 1000\,cm^3$ und $h = 2r$.
2.   Eingesetzt in die Volumenformel $V = \frac{1}{3}\pi \cdot r^2 \cdot h_k$ liefert $V = \frac{1}{3}\pi \cdot r^2 \cdot 2r$

$\Leftrightarrow V = \frac{2}{3}\pi \cdot r^3 = 1000\,cm^3 \Leftrightarrow r^3 = \frac{3000}{2\pi}cm^3$

$\Rightarrow r = \sqrt[3]{\frac{3000}{2\pi}}\,cm^3 = 7{,}815...\,[M1]\,cm$

$\Rightarrow d = h \approx 15{,}63\,cm$

Lösung b)
1.   Die Trichter-Innenfläche entspricht der Mantelfläche des Kegels.
2.   s berechnen mit $s^2 = r^2 + (2\,r)^2 = 5r^2$ mit $r = 7{,}81593\,cm$ [MR1]
     $\Rightarrow s = r\sqrt{5}\,cm = 17{,}4769\,cm$ [$\rightarrow$MR2]
3.   M berechnen mit $M = \pi \cdot [MR1] \cdot [MR2]$
     $\Rightarrow M \approx 429{,}14\,cm^2$

Aufgaben   **31.**   Skizziere das Schrägbild und das Netz eines Kegels mit $d = s$.

32.   Berechne die Oberfläche O und das Volumen V des Kegels.
a) $r = 5\,cm$; $h_k = 6\,cm$ b) $r = 5\,cm$; $s = 6\,cm$

33. Berechne die fehlenden Stücke des Kegels.

	r	h_k	s	G	M	O	V
a)			21 cm	296,9 cm²			
b)	14 cm						615,8 cm³
c)	6,5 cm					300 cm²	
d)		12 cm	78,5 cm²				

34. Aus dem abgebildeten Stück Blech soll ein Kegelmantel gebogen werden, so dass S die Spitze des Kegels wird. Berechne das Volumen des entstehenden Kegels. Tipp: Die Länge des Kreisbogens b ist gleichzeitig der Umfang der Grundfläche des Kegels.

S   50 cm

35. In einer Lagerhalle für Winterstreugut wird über ein Förderband 800 m³ Salz kegelförmig aufgeschüttet.
Welche Fläche bedeckt der Salzhaufen bei einer Höhe von 8 m?

36. Ein kegelförmiger Sandhaufen hat einen Durchmesser von 12 m und eine Höhe von 4 m. Der Sand soll mit einem LKW abgefahren werden, der 18 t laden darf.
Wie oft muss der LKW fahren $\left(\varrho_{Sand} = 2,2 \frac{g}{cm^3}\right)$?

37. Aus einem Holzwürfel mit der Kantenlänge a = 8 cm wird der größtmögliche Kegel gedrechselt. Berechne das Volumen und die Masse des fertigen Kegels $\left(\varrho_{Holz} = 0,8 \frac{g}{cm^3}\right)$.

38. Eine Maschinenfabrik benötigt 5000 Werkstücke aus Stahl $\left(\varrho_{Stahl} = 8,3 \frac{g}{cm^3}\right)$, die die Form eines Doppelkegels haben. Der Durchmesser des Werkstücks beträgt 32 mm, die Mantellinie s ist 41 mm lang. Wie schwer ist die Gesamtmenge?

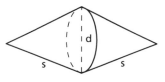

39. Ein kegelförmiges Glas fasst 0,1 Liter und ist 100 mm tief.
Welchen Durchmesser hat das Glas am oberen Rand?

5   Kugel

Für eine Kugel mit dem Radius r gilt:

Volumen $V = \frac{4}{3}\pi \cdot r^3$
Oberfläche $O = 4\pi \cdot r^2$

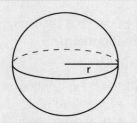

Beispiel   Im Eingangsbereich der Fachschule für Steinmetze in Königslutter liegt eine 1,441 t schwere Marmorkugel $\left(\varrho_{Marmor} = 2,75 \frac{g}{cm^3}\right)$. Berechne die Größe der Oberfläche O dieser Kugel.

1.   Zunächst kannst du aus dem Gewicht der Kugel das Volumen ermitteln:
     $m = V \cdot \varrho \Leftrightarrow V = \frac{m}{\varrho}$.
     Achte beim Einsetzen auf die Einheiten: $2,75\frac{g}{cm^3} = 2,75\frac{kg}{dm^3} = 2,75\frac{t}{m^3}$.
     Du erhältst $V = \frac{1,441\,t}{2,75\frac{t}{m^3}} = 0,524 \text{ m}^3$

2.   Setze die berechnete Größe des Volumens in die Volumenformel ein und löse die Formel nach r auf:
     $\frac{4}{3}\pi \cdot r^3 = 0,524 \text{ m}^3 \Leftrightarrow r^3 = \frac{0,524\,m^3 \cdot 3}{4\pi} \Leftrightarrow r = \sqrt[3]{\frac{0,524\,m^3 \cdot 3}{4\pi}} \Rightarrow r = 0,50 \text{ m}$

3.   Mit dem berechneten Kugelradius kannst du nun die Oberfläche der Kugel berechnen: $O = 4\pi \cdot r^2 \Rightarrow O = 3,14 \text{ m}^2$

Aufgaben   **40.**   Berechne das Volumen und die Oberfläche einer Kugel.
   a)   d = 65 mm (Tennisball)   b)   d = 24 cm (Basketball)
   c)   d = 3476 km (Mond)

41.   Vergleiche zwei Kugeln miteinander. Kugel K_1 hat einen Radius von 5 cm, Kugel K_2 hat einen Radius von 10 cm. In welchem Verhältnis stehen
   a)   die Oberflächen,   b)   die Volumen beider Kugeln?

42.   Berechne das Volumen der Außenschicht einer Hohlkugel, die einen äußeren Durchmesser $d_a = 450$ mm und einen inneren Durchmesser $d_i = 420$ mm hat.

▲**43.**   Wie viele Bleikugeln mit einem Durchmesser von 1 mm muss man einschmelzen, um eine Bleikugel mit einem Durchmesser von 10 mm zu erhalten?

44.   Berechne die Masse der annähernd kugelförmigen Erde, deren Äquatorlänge rund 40 000 km beträgt. 1 m³ der Erde wiegt im Durchschnitt 5,5 t.

6   Vermischte Anwendungen

> Körper, die durch das Drehen einer ebenen Figur um eine Achse entstehen, heißen **Rotationskörper**.

Probiere selbst aus: Ein Geodreieck wird um seine längste Seite gedreht.   *Beispiel*
a)   Welcher Körper wird durch die Drehung erzeugt?
b)   Welcher Körper entsteht durch die Drehung des farbigen Skalen-Halbkreises?
c)   Welcher Körper entsteht durch Drehung um eine kurze Seite des Dreiecks?

Lösung

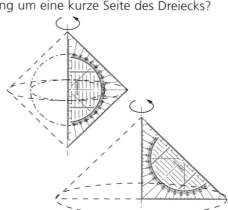

a)   Dreht man das Geodreieck um seine längste Seite, so entsteht ein Doppel-kegel.
b)   Betrachtet man nur den farbigen Winkelhalbkreis auf dem Geodreieck, so entsteht durch die Drehung um die Hypotenuse eine Kugel.
c)   Dreht man das Geodreieck so, dass eine Kathete zur Rotationsachse wird, entsteht ein Kegel.

45.   Ein Rechteck mit den Kantenlängen $a = 8\,cm$ und $b = 5\,cm$ wird   *Aufgaben*
zunächst um Kante a und anschließend um Kante b gedreht.
Welcher der beiden Rotationskörper hat das größere Volumen,
welcher die größere Oberfläche?

46.   Die grüne Fläche rotiert um die Achse a. Berechne das Volumen des
Rotationskörpers. Beachte entstehende Hohlräume (Maßeinheiten in cm).

a)
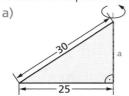

b)

c)
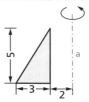

47.   Dieses symmetrische Trapez rotiert um die Achse a.
Skizziere den entstehenden Rotationskörper und berechne
V und O (Maßeinheiten in cm).
Tipp: s_1 und s_2 werden zu Mantellinien.

Im Alltag spielen häufig **zusammengesetzte Körper** eine Rolle, die aus mehreren geometrischen Teilkörpern bestehen.

Beispiel Für eine Ausstellung sollen insgesamt 75 spezielle Messingpfosten hergestellt werden (siehe Skizze, Maßangaben in mm).

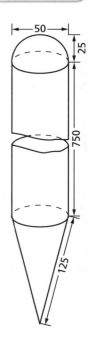

a) Wie viel Messing wird zum Gießen dieser Pfosten insgesamt benötigt $\left(\varrho_{Messing} = 8{,}4\,\frac{g}{cm^3}\right)$?

b) Die Pfosten sollen mit einer speziellen Klarlackschicht überzogen werden, für wie viele m² ist Klarlack zu planen?

Lösung a)

1. Gesucht wird zunächst das Volumen des Pfostens. Zerlege ihn dazu in die drei Teilkörper Halbkugel (r = 25 mm), Zylinder (r = 25 mm; h_k = 750 mm) und Kegel (r = 25 mm; s = 125 mm) und achte auf die gleichen Einheiten.

2. Berechne mit s und r die fehlende Höhe h_k des Kegels:
$$s^2 = h_k^2 + r^2$$
$$\Rightarrow h_k^2 = 125^2\,mm^2 - 25^2\,mm^2 = 15\,000\,mm^2$$
$$\Rightarrow h_k = 122{,}474\,mm \;[\to M]$$

3. $V_{Halbkugel} = \frac{4}{3}\pi \cdot r^3 \cdot \frac{1}{2} = \frac{2}{3}\pi \cdot r^3 = \frac{2}{3}\pi \cdot 25^3\,mm^3$
   $$= 32\,724{,}5\,mm^3$$
   $V_{Zylinder} = \pi \cdot r^2 \cdot h_k = \pi \cdot 25^2\,mm^2 \cdot 750\,mm$
   $$= 1\,472\,621{,}2\,mm^3$$
   $V_{Kegel} = \frac{1}{3}\pi \cdot r^2 \cdot h_k = \frac{1}{3}\pi \cdot 25^2 \cdot [MR]\,mm^3 = 80\,159{,}0\,mm^3$

4. Ermittle daraus das Gesamtvolumen eines Pfostens:
   $$V_{gesamt} = V_{Halbkugel} + V_{Zylinder} + V_{Kegel} = 1\,585\,506{,}5\,mm^3 = 1585{,}506\,cm^3$$

5. Das Gewicht eines Messingpfostens beträgt also:
   $$m = 1585{,}506\,cm^3 \cdot 8{,}4\,\frac{g}{cm^3} = 13\,318{,}2\,g = 13{,}318\,kg$$
   Damit wird für die Herstellung von 75 Pfosten etwa 1 t (998,869 kg) Messing benötigt.

Lösung b)

1. Auch die Gesamtoberfläche des Pfostens kann zerlegt werden in die Oberfläche der Halbkugel, den Mantel des Zylinders und den Mantel das Kegels. Damit erhältst du: $O_{gesamt} = O_{Halbkugel} + M_{Zylinder} + M_{Kegel}$

2. $O_{gesamt} = 4\pi \cdot r^2 \cdot \frac{1}{2} + 2\pi \cdot r \cdot h_k + \pi \cdot r \cdot s$
   $O_{gesamt} = 2\pi \cdot 25^2\,mm^2 + 2\pi \cdot 25 \cdot 750\,mm^2 + \pi \cdot 25 \cdot 125 = 131\,554{,}2\,mm^2$

3. Die Oberfläche eines Pfostens misst etwa 0,132 m².
   Um die 75 Pfosten mit Klarlack überziehen zu können, muss also für eine Fläche von etwa 10 m² (9,87 m²) Farbe kalkuliert werden.

48. Wie schwer sind diese Werkstücke aus Stahl $\left(\varrho_{Stahl} = 8,7 \frac{g}{cm^3}\right)$, **_Aufgaben_**
alle Maßangaben in cm.

a)
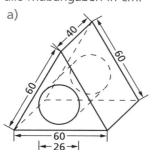

b)
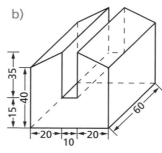

c)
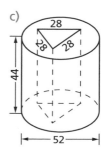

▲49. Berechne die Oberfläche des Körpers (Maße in cm).

a)
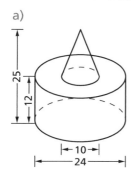

b)
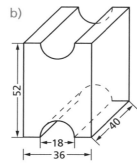

c)
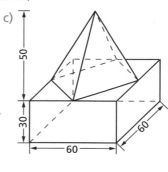

▲50. Aus einem Aluminiumwürfel mit einer
Kantenlänge a von 10 cm werden zwei
gleich große kegelförmige Hohlkörper
gefräst $\left(\varrho_{Aluminium} = 2,7 \frac{g}{cm^3}\right)$.
a) Berechne das Gewicht des Restkörpers.
b) Wie viel % des Würfelvolumens sind
Abfall beim Fräsen?
c) Entwickle eine Formel zur Berechnung
der Oberfläche O des Restkörpers.

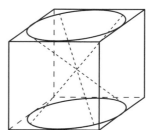

▲51. Familie Groß hat sich entschieden, auf
das rechteckige Flachdach ihres
Hauses ein Walmdach zu setzen.
Der Neigungswinkel von
$\alpha = 32°$ ist von allen Seiten
gleich (a = 6 m).

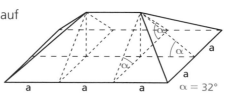

a) Berechne den umbauten Raum des Daches.
b) Wie viel m² Ziegel werden zum Decken des Daches benötigt?

7   Test

52.   Berechne den Flächeninhalt und den Umfang der Figur.

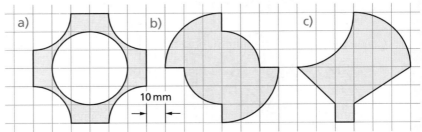

53.   Das Schwimmbecken im Frei-
bad soll neu gefliest werden
(Maßangaben in m).

a)   Wie viele m² Fliesen
werden benötigt?

b)   Wie viele Liter Wasser sind für eine komplette Neufüllung nötig?

54.   Legt man zwei kongruente quadratische
Pyramiden, die gleich lange Kanten haben,
mit ihren Grundflächen aufeinander, so
entsteht ein Oktaeder.

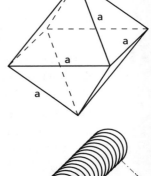

a)   Berechne das Volumen eines Oktaeders mit einer Kantenlänge $a = 5\,cm$.

b)   Entwickle eine Formel zur Berechnung
der Oberfläche dieses Körpers.

55.   Aus einem sechskantigen Stahlprofil
$\left(\varrho_{Stahl} = 8{,}7\,\frac{g}{cm^3}\right)$ werden Maschinenschrauben
hergestellt (siehe Skizze, Maßangaben in mm).

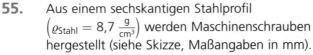

a)   Zuerst wird vom 97 mm langen Sechskant ein
90 mm langer Zylinder gedreht.
Wie viel wiegt dieser Rohling?

b)   In die obere Hälfte des zylinderförmigen Teils wird dann ein
Gewinde geschnitten.
Dabei gehen 8 % des Materials
verloren.

c)   Abschließend wird die Schraube maschinell entgratet, dabei
entsteht 0,5 % Materialverlust. Wie schwer ist eine Schraube jetzt
noch?

H Probearbeiten

Probearbeit 1: Gleichungen und Funktionen

1. Wie viel ist ein Viertel der Summe aus -8 und 14?

2. Löse die Gleichung in $\mathbb{Q}$ und führe die Probe durch.

a) $3(2x - 4) = 4x - 18$ b) $(x - 8)^2 + 35x = (x + 8)^2 + 12$

3. Bestimme den Definitionsbereich der Bruchgleichung und löse sie in $\mathbb{Q}$.

$\frac{3y + 2}{y^2 - 2y} = \frac{2}{y - 2} + \frac{2y - 1}{y}$

4. Die Miete für ein Wohnmobil setzt sich aus einer festen Grundgebühr pro Miettag sowie einem Betrag pro gefahrenem Kilometer zusammen. Familie Müller zahlt für eine Mietdauer von 8 Tagen und 1200 gefahrenen Kilometern insgesamt 1180 €. Familie Berg leiht dieses Wohnmobil für 5 Tage und fährt 480 km; sie zahlen 589 €.
Stelle ein geeignetes Gleichungssystem auf und berechne die Grundgebühr sowie den Preis für einen gefahrenen Kilometer.

5. Gegeben sind je zwei Punkte, durch die zwei Geraden g_1 und g_2 verlaufen: g_1: $A(-2|5)$ und $B(6|1)$; g_2: $C(-1|-6)$ und $D(3|6)$.

a) Zeichne die beiden Geraden in ein Koordinatensystem (Einheit 1 cm).

b) Wie lauten die beiden Geradengleichungen?

c) Ermittle die Lösungen des zugehörigen linearen Gleichungssystems.

6. Eine quadratische Funktion hat die Gleichung $y = x^2 + 2x - 3$.

a) Berechne die Koordinaten des Scheitelpunktes und zeichne den Graphen in ein Koordinatensystem.

b) Der Graph der quadratischen Funktion wird von der Geraden $y = x - 1$ in den Punkten P_1 und P_2 geschnitten. Berechne die Koordinaten der Schnittpunkte.

c) Gib die Gleichung der Geraden an, die durch den Scheitelpunkt des Funktionsgraphen und den Ursprung des Koordinatensystems verläuft.
Berechne die Länge der Strecke zwischen diesen beiden Punkten.

Probearbeit 2: Geometrie

1. „Der Flächeninhalt eines Parallelogramms ist viermal größer als der Flächeninhalt eines Dreiecks mit der Grundseite g und der Höhe h."
   Welche der Gleichungen gibt den Sachverhalt richtig wieder? Begründe.
   a) $A_{Par.} = \frac{g \cdot h}{2} + 4$ b) $\frac{1}{4} A_{Par.} = \frac{g \cdot h}{2}$
   c) $A_{Par.} = 4 \cdot g \cdot h$ d) $A_{Par.} = 2 \cdot g \cdot h$

2. a) Konstruiere eine Raute ABCD aus $a = b = c = d = 3{,}6\,cm$ und $\alpha = 66°$.
   b) Berechne die Länge der Diagonalen $e = \overline{AC}$ und $f = \overline{BD}$.
   c) Berechne den Flächeninhalt dieser Figur.

3. Ein Kreis mit dem Mittelpunkt M hat einen Flächeninhalt von 100 cm²; er wird von der Geraden g geschnitten, die durch die Punkte P und R verläuft. Berechne den Flächeninhalt des Dreiecks PQR, wenn $\varepsilon = 35°$.

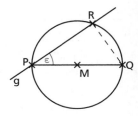

4.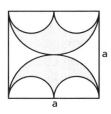

   a) Entwickle eine Formel, mit der der Gesamtumfang der grünen Figur in Abhängigkeit von a berechnet werden kann.
   b) Berechne den Flächeninhalt der Figur für $a = 20\,cm$.

5. Zwei Windräder W_1 und W_2 stehen 500 m voneinander entfernt. Es wird ein drittes Windrad W_3 aufgestellt; dabei werden folgende Winkel gemessen: $\alpha = \angle W_1 W_2 W_3 = 59{,}2°$ und $\delta = \angle W_3 W_1 W_2 = 72{,}4°$.
   a) Fertige eine Skizze an und beschrifte sie vollständig.
   b) Wie weit steht W_3 von W_1 und von W_2 entfernt?
   c) Wie viel Hektar Land werden von den drei Windrädern eingeschlossen?

6. Für das abgebildete fünfeckige Grundstück ABCDE fehlen noch einige Angaben (Maßangaben in m).
   Berechne die Größen der Winkel α und δ und die Länge der Strecke $\overline{AE}$.

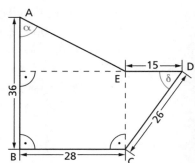

Probearbeit 3:
Potenzen, Wurzeln, Sachrechnen

1. Forme um.

a) $(2a + 3b)^2$ b) $(2a \cdot 3b)^2$ c) $(x - 10)^2 \cdot x^2$

2. Schreibe als eine Potenz und berechne dann das Ergebnis.

a) $0{,}6^{-4} \cdot 0{,}6^6$ b) $-2^2 \cdot 2^{-3}$ c) $(-3)^2 \cdot 2^2$

3. Bestimme den Wert der Variablen und führe eine Probe durch.

a) $7^{-4} \cdot 7^x = 7$ b) $5^x = \sqrt[3]{5}$ c) $4^x : 4^{-5} = 4^2$

4. Der Körpermassenindex BMI (Body-Mass-Index) eines Menschen wird so berechnet: $BMI = \dfrac{\text{Körpermasse (in kg)}}{\text{Körpergröße (in cm)} \cdot \text{Körpergröße (in cm)}}$. Peter wiegt 68 kg und hat einen BMI von 22,2 errechnet. Wie groß ist Peter?

5. Nach einer Information des Umweltbundesamtes gibt es 2005 auf der Erde insgesamt etwa $1{,}384 \cdot 10^9 \, km^3$ Wasser, davon sind $3{,}61 \cdot 10^7 \, km^3$ Süßwasser.

a) Mitte des Jahres 2005 leben auf der Welt etwa 6,5 Mrd. Menschen. Wie viel m^3 Süßwasser stehen damit jedem rechnerisch zur Verfügung?

b) Alex möchte die genannten Wassermengen grafisch veranschaulichen. Für die Gesamtmenge des Wassers hat er einen Würfel mit einer Kantenlänge von 10 cm gezeichnet.
Welche Kantenlänge hat der Würfel für die Süßwassermenge?

c) Etwa 30 % des Süßwassers der Erde sind im Grundwasser gespeichert. Wie viel Liter Wasser sind das? Notiere das Ergebnis in Zehnerpotenzschreibweise und in Worten.

6. Oma und Opa Jürgens freuen sich über die Geburt ihres ersten Enkelkindes Charlotte. Sie möchten 5000,00 € über einen Zeitraum von 18 Jahren anlegen und erhalten folgende Angebote:
Bank A: zehn Jahre lang 5 % p. a. und anschließend 8 Jahre lang 5,8 % p. a.; Bank B: zunächst 4,8 % p. a., ab 4. Jahr 5,0 % p. a., ab 8. Jahr 5,2 % p. a., ab 12. Jahr 5,4 % und ab 16. Jahr 5,6 %. Zum Abschluss der Anlagezeit gibt es außerdem einen Treuebonus von 750,00 €.

a) Bei welchem Angebot erzielen die Großeltern ein höheres Guthaben für Charlotte?

b) Zu welchem festen Zinssatz müsste das Kapital 18 Jahre lang verzinst werden, wenn das Endkapital mindestens 13 500,00 € betragen soll?

Probe-Abschlussarbeit 1

1. Auf der Studienfahrt einer Abschlussklasse gibt es einen Kulturabend mit Wahlmöglichkeit. Von den 27 Schülerinnen und Schülern entscheiden sich 12 für den Besuch einer Komödie, 9 möchten ins Kabarett, der Rest wählt ein Konzert.
Stelle die Verteilung in einem Kreisdiagramm dar.

2. Bestimme den Definitionsbereich der Bruchgleichung und löse sie in $\mathbb{Q}$.
$\frac{2x^2 - 2x - 2}{x - 3} = x$

3. Bei der Herstellung von Computerschaltkreisen wird extrem dünner Golddraht (d $= 0{,}01$ mm) verwendet. $\left(\varrho_{Gold} = 19{,}3\frac{g}{cm^3}\right)$
   a) Berechne die Masse von 1000 m des verwendeten Golddrahtes.
   b) Wie viel Draht kann man aus 1 cm³ Gold herstellen?

4. Eine nach oben geöffnete Normalparabel hat den Scheitelpunkt $S(-2|-3)$. Eine Gerade g mit der Steigung $m = -1$ schneidet die Parabel im Punkt $P_1(-4|1)$. Berechne die Koordinaten des zweiten Schnittpunktes P_2 von Parabel und Gerade.

5. Der Kunststoffverschluss einer Flasche mit einem Liter Badeöl hat die Form eines Hohlzylinders mit einer aufgesetzten Hohlhalbkugel (Maßangaben in mm).

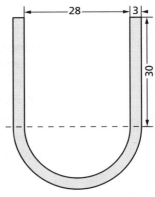

   a) Der Verschluss soll laut Herstellerangaben zum Dosieren der Ölmenge verwendet werden: „Der Inhalt der Flasche reicht für 50 Bäder, wenn die Füllung einer Verschlusskappe pro Bad verbraucht wird." Kontrolliere die Herstellerangaben.
   b) Zur Herstellung von einem cm³ Kunststoff werden 550 mg Kunststoffgranulat benötigt. Wie viel Kunststoffgranulat ist für die Herstellung der Tagesproduktion von 10 000 Verschlüssen nötig?

6. Im August 2004 kaufte Herr Karl einen Mittelklassewagen für 24 975,00 €. Er beabsichtigt, dieses Fahrzeug mindestens fünf Jahre zu fahren. Fahrzeuge dieser Klasse verlieren jährlich im Durchschnitt 15 % ihres Vorjahrspreises.
   a) Welchen Wert hat das Fahrzeug voraussichtlich im August 2009?
   b) Wie viel Prozent des Kaufpreises beträgt der Fahrzeugwert dann noch?

Probe-Abschlussarbeit 2

1. Die folgenden Produkte kann man wie dargestellt im Kopf berechnen:
   $51 \cdot 49 = 50^2 - 1^2 = 2500 - 1 = 2499$
   $27 \cdot 33 = 30^2 - 3^2 = 900 - 9 = 891$
   Begründe und nenne zwei weitere Beispiele.

2. Ein Erwachsener benötigt bei schwerer körperlicher Arbeit $70\frac{cm^3}{min}$ Sauerstoff je kg Körpergewicht, im Schlaf dagegen nur $3{,}4\frac{cm^3}{min}$ je kg Körpergewicht. Vergleiche den Sauerstoffverbrauch eines 75 kg schweren Erwachsenen bei 6 h harter Arbeit und bei 6 h Schlaf in m³ und in %.

3. Die Anzahl der Sterne in unserem Milchstraßensystem wird auf etwa 100 Mrd. geschätzt, davon sind etwa 6000 Sterne mit bloßem Auge sichtbar.
   a) Schreibe beide Angaben mit Zehnerpotenzen in Standardschreibweise.
   b) Wie viel Prozent der Sterne sind mit bloßem Auge sichtbar?

4. Aus dem Sportteil der Zeitung: „Der Sprintstar Robbie McEwen hat gestern die zweite und mit 207 km längste Etappe der Niedersachsenrundfahrt von Höxter nach Wolfsburg in 4:49,12 Stunden gewonnen … Rundfahrt-Pressesprecher Stoll schätzte die Durchschnittsgeschwindigkeit von McEwen auf mehr als 50 $\frac{km}{h}$."
   a) Hat Stoll recht mit seiner Vermutung? Berechne McEwens Durchschnittsgeschwindigkeit in $\frac{km}{h}$.
   b) Jens hat auf der abschüssigen Bergstraße für eine Strecke von 50 m genau 5 Sekunden benötigt. Erreicht er damit McEwens Durchschnittsgeschwindigkeit?

5. Im nebenstehenden Bild sind einem Quadrat ein Kreis und ein Dreieck einbeschrieben. Diese Figur war auf dem Grabmal des bedeutenden griechischen Mathematikers Archimedes (287 – 212 v. Chr.) angebracht und wurde um die Achse s erweitert.

   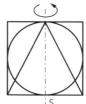

   a) Welche Körper entstehen, wenn das Quadrat, der Kreis und das Dreieck um die Achse s rotieren?
   b) Nenne die Länge einer halben Quadratseite r. Berechne das Volumen der drei Rotationskörper.

6. Der Äquatordurchmesser des Saturn ist etwa zehnmal so groß wie der der Erde. In welchem Verhältnis stehen Oberfläche und Volumen beider Planeten zueinander?

Anhang Basiswissen Sachrechnen

1 Zuordnungen (Dreisatzrechnung)

Proportionale Zuordnungen		Umgekehrt proportionale Zuordnungen	
Vorbereich (Menge)	Nachbereich (Preis)	Vorbereich (Geschwindigkeit)	Nachbereich (Fahrzeit)
m_1	p_1	v_1	t_1
m_2	p_2	v_2	t_2

Jeweils zwei einander zugeordnete Größen sind **quotientengleich**.
In der Tabelle gilt: $\frac{p_1}{m_1} = \frac{p_2}{m_2}$.
Daraus kann man herleiten: $\frac{m_2}{m_1} = \frac{p_2}{p_1}$
oder $\frac{p_1}{p_2} = \frac{m_1}{m_2}$.

Jeweils zwei einander zugeordnete Größen sind **produktgleich**.
In der Tabelle gilt: $v_1 \cdot t_1 = v_2 \cdot t_2$.
Diese Gleichung kann man so umformen: $\frac{v_2}{v_1} = \frac{t_1}{t_2}$ bzw. $\frac{v_1}{v_2} = \frac{t_2}{t_1}$ *)

Um eine fehlende Größe zu berechnen, löst man die jeweilige Proportion bzw. Produktgleichung nach ihr auf und setzt dann die gegebenen drei Größen ein.

Man kann eine fehlende Größe auch mithilfe des Dreisatzverfahrens berechnen:

Menge	Preis		Geschwindigkeit	Fahrzeit	
m_1	p_1	$\rangle : m_1$	v_1	t_1	$\rangle \cdot v_1$
1		$\rangle \cdot m_2$	1		$\rangle : v_2$
m_2			v_2		

Beispiel 1

In einem Teeladen kosten 100 g Ostfriesische Mischung 3,80 Euro.
Ein Kunde verlangt 250 g dieser Sorte. Wie viel Euro muss er bezahlen?
Lösung
Vorüberlegung: Für die doppelte (dreifache, ...) Menge muss man das Doppelte (Dreifache, ...) bezahlen. Also liegt eine proportionale Zuordnung vor.
$\frac{p}{3{,}80} = \frac{250}{100} \Leftrightarrow p = \frac{250}{100} \cdot 3{,}80 = 9{,}50 \Rightarrow 250\,g$ kosten 9,50 Euro.

Beispiel 2

Ein Zug durchfährt eine Strecke von 900 km in $7\frac{1}{2}$ Stunden.
a) Berechne seine mittlere Geschwindigkeit v in $\frac{km}{h}$.
b) Wie lange würde ein Zug mit $v = 150 \frac{km}{h}$ für diese Strecke brauchen?
c) Welche Geschwindigkeit muss ein Zug fahren, der die Strecke in 5 Stunden zurücklegen soll?

Lösungen

a) Nach Definition ist $v = \frac{s}{t}$. Eingesetzt: $v = \frac{900\,km}{7,5\,h} = 120\,\frac{km}{h}$.

Vorüberlegung zu b) und c): Die Zuordnung $v \rightarrow t$ ist umgekehrt proportional, denn jedes Produkt $v \cdot t$ ist gleich.

b)

$v \left(\text{in } \frac{km}{h}\right)$	t (in h)
120	7,5
1	
150	

:120 ⌒   ⌒ · 120
· 150 ⌒   ⌒ : 150

c)

$v \left(\text{in } \frac{km}{h}\right)$	t (in h)
120	7,5
	1
	5

· 7,5 ⌒   ⌒ : 7,5
: 5 ⌒   ⌒ · 5

Rechnungen (ohne Einheiten)

b) 1. Schluss: $7,5 \cdot 120 = 900$; 2. Schluss: $900 : 150 = 6$

c) 1. Schluss: $120 \cdot 7,5 = 900$; 2. Schluss: $900 : 5 = 180$

b) Der Zug würde 6 Stunden brauchen. c) Er müsste $180\,\frac{km}{h}$ fahren.

Aufgaben

1.

(1) Förderzeit	Förder-menge	(2) Briefge-wicht	Briefporto	(3) Geschwin-digkeit	Fahrzeit
3 min	144 ℓ	10 g	0,55 €	$100\,\frac{km}{h}$	6 h
7 min	366 ℓ	30 g	0,95 €	$120\,\frac{km}{h}$	5 h
10 min		50 g		$150\,\frac{km}{h}$	
	432 ℓ		1,44 €		8 h

a) Ist die Zuordnung proportional, umgekehrt proportional oder besitzt sie keine der genannten Eigenschaften?

b) Berechne die fehlenden Größen, wenn es möglich ist.

2. In einem Neubaugebiet werden Bauplätze mit Flächen von 500 m² bis 900 m² ausgewiesen und mit 75,00 €/m² angeboten.

a) Wie teuer ist ein Grundstück mit einer Fläche von 632 m²?

b) Wie groß ist ein Bauplatz, der rund 50 000,00 Euro kostet?

3. Marie schneidet 144 cm² große rechteckige Pappstücke aus.

a) Wie breit wird ein Pappstück, das 16 cm (12 cm) lang ist?

b) Wie lang wird ein Pappstück, das 36 cm (6 cm) breit ist?

4. Auf einem Pferdehof wurde ein Heuvorrat für 20 Pferde und 120 Futter-tage angelegt. Berechne die fehlenden Größen.

		a)	b)	c)	d)
Anzahl der Pferde	20	30	50		16
Mögliche Futtertage	120			40	

5. Alexanders Wagen brauchte 256 Liter Super für eine Strecke von 3260 km.

2 Prozentrechnung

Es bedeuten: G = Grundwert; P = Prozentwert; $p\%$ = Prozentsatz.
Der Grundgedanke: $P = p\%$ von $G = \frac{p}{100}$ von G.

Prozentwert berechnen $\quad P = G \cdot \frac{p}{100}$

Grundwert berechnen $\quad G = \frac{P}{p} \cdot 100$

Prozentsatz berechnen $\quad p\% = \frac{P}{G}$

Beispiele

a) In einer Realschule sind 820 Schülerinnen und Schüler, davon sind 55,0 % Mädchen. Wie viele Jungen besuchen die Schule?
Lösung: 45 % der Schüler sind Jungen. $P = 820 \cdot \frac{45}{100} = 820 \cdot 0,45 = 369$
Es sind 369 Jungen.

b) Von 360 Krokuszwiebeln gingen 342 Krokusse auf. Wie viel Prozent sind das? Lösung: $p\% = \frac{342\,K}{360\,K} = 0,95 \Rightarrow p\% = 95\%$.

c) Frau Weinig klagt: „Ich muss monatlich 972,00 Euro Miete zahlen, das sind 27 % meines Monatseinkommens". Wie hoch ist dieses?
Lösung: Hier ist der Grundwert gesucht. $G = \frac{927}{27} \cdot 100€ = 3600,00€$.

Aufgaben

6. Manche Prozentsätze sind ganz einfache Bruchteile. Wie heißen diese?

50 %	25 %	12,5%	10 %	20 %	30 %	40 %	5 %	125%
$\frac{1}{2}$								

7. Rechne im Kopf.
   a) 3 % von 400€ b) 12 % von 200€ c) 25 % von 800€
   d) 4 % von 500€ e) 75 % von 200€ f) 1 % von 1000€
   g) 24€ von 96€ h) 3€ von 60€ i) 10€ von 5€

8. Berechne die fehlenden Größen.

	a)	b)	c)	d)	e)	f)
Grundwert	2460 t	5180 t	894,00 €	223,00 €		
Prozentsatz	22,3 %	77,6 %			4,5 %	103 %
Prozentwert			201,15 €	501,75 €	449,55 ℓ	61,8 ℓ

9. Eine Angestellte verdient im Monat 3400,00 Euro. Sie bekommt aber nur 2210,00 Euro überwiesen. Wie viel Prozent werden für Steuern und Sozialversicherungen abgezogen?

10. Im Verkaufspreis eines Computers sind 16 % MwSt. in Höhe von 131,20 Euro enthalten. Wie teuer war der Computer?

3   Zinsrechnung

Es bedeuten: K = Kapital, Z = Zinsen, p % = Zinssatz, Z_1 = Zinsen für 1 Jahr
Der Grundgedanke: $Z_1 = p\,\% \text{ von } K$

Zinsen für 1 Jahr $Z_1 = K \cdot \frac{p}{100}$

Zinsen für t Tage $Z_t = K \cdot \frac{p}{100} \cdot \frac{t}{360}$

Zinsen für m Monate $Z_m = K \cdot \frac{p}{100} \cdot \frac{m}{12}$

Zinsen für t Tage bzw. m Monate = Zinsen für 1 Jahr mal Zeitfaktor.

1 Zinsjahr = 360 Zinstage

1 Zinsmonat = 30 Zinstage

Beispiele

a) Berechne 3,25 % Zinsen von 5640,00 Euro vom 22. März bis 13. September.
Lösung: (1) Zinszeit bestimmen: t = (8 + 150 + 13) Tage = 171 Tage
(2) $Z_t = 5640,00\,€ \cdot \frac{3,25}{100} \cdot \frac{171}{360} = 87,07\,€$

b) Bei welchem Zinssatz bringen 69 000,00 Euro in 7 Monaten 1811,25 Euro
Zinsen? Lösung: $Z_m = K \cdot \frac{p}{100} \cdot \frac{m}{12}$. Nach p % auflösen: $p\,\% = \frac{Z_m}{K} \cdot \frac{12}{m}$.
Einsetzen: $p\,\% = \frac{1811,25\,€}{69\,000,00\,€} = 0,045 = \frac{4,5}{100}$. Der Zinssatz beträgt 4,5 %.

Aufgaben

11. Rechne im Kopf: Berechne die Zinsen für 1 Jahr (Z_1) von
a) 200,00 € zu 3 %   b) 300,00 € zu 4 %   c) 400,00 € zu 2,5 %,
d) 175,00 € zu 10 %   e) 500,00 € zu 20 %   f) 10,00 € zu 0,5 %.
Wie hoch ist der Zinssatz (p %)? Gegeben:
g) K = 1000,00 €; Z_1 = 50,00 €   h) K = 2000,00 €; Z_1 = 120,00 €

12. Berechne die fehlenden Größen.

	a)	b)	c)	d)	e)
Kapital	2000,00 €	3000,00 €		4800,00 €	66 000,00 €
Zinssatz	7,5 %		6,5 %	2,25 %	
Zinszeit		36 Tage	18 Tage	57 Tage	5 Monate
Zinsen	112,50 €	22,50 €	162,50 €		1031,25 €

13. Welches Kapital muss man anlegen, um daraus bei einem Zinssatz von
6,5 % monatlich 1000,00 Euro Zinsen zu erhalten?

14. Claudia bittet ihre Freundin: „Leih mir doch für kurze Zeit 5000,00 Euro.
Ich zahle dir auch jeden Tag 5,00 Euro Zinsen". Beurteile dieses Angebot.

15. Herr Klamm hat sein Konto vom 3. Mai bis zum 28. August um 32 000 €
überzogen. Wie hoch sind die Überziehungszinsen bei p = 15,5 %?

4 Test

16. Für die Reparatur eines Rohrbruchs bei Frau Wassermann stellt ein Klempner in Rechnung:
- 2,5 Gesellenstunden Meyer (42,50 Euro/Stunde)
- 1,5 Stunden Auszubildende Müller (20,50 Euro/Stunde)
- Materialkosten 222,80 Euro

Zur Gesamtsumme kommen 16 % MwSt. hinzu.

a) Erstelle eine Rechnung unter dem Datum 1. Februar 2006. Als Zahlungsziel ist der 28. Februar 2006 ausgewiesen. Bei Zahlung innerhalb von 8 Tagen werden 2 % Skonto angeboten. Welchen Betrag müsste Frau Wassermann am 4. Februar 2006 überweisen?

b) Frau Wassermann verschludert die Rechnung und erhält am 31. März eine 2. Rechnung über den vollen Rechnungsbetrag zuzüglich 8,25 % Verzugszinsen für einen Monat.
Wie teuer wird die Reparatur jetzt?

17. Herr Sparsam hat im Mai 2005 die Heizungsanlage in seinem Haus für 8600,00 Euro auf den neuesten Stand der Technik bringen lassen. Der Heizungsbauer versichert ihm, dass er in Zukunft im Durchschnitt 22 % an Brennstoffkosten sparen wird.

a) Im Juni 2005 tankt er 3400 Liter Heizöl zum Preis von 0,47 Euro pro Liter. Rechne aus, wie viele Liter er für die alte Anlage hätte tanken müssen, um die gleiche Wärmeabgabe zu erreichen.
Wie viel Geld sparte er bereits im ersten Jahr beim Heizölkauf?

b) Nimm an, dass Herr Sparsam in den folgenden Jahren diese Heizöl-mengen bezieht:
2006: 2800 ℓ; 2007: 3100 ℓ; 2008: 2950 ℓ; 2009: 2850 ℓ; 2010: 2760 ℓ; 2011: 3080 ℓ; 2012: 3210 ℓ; 2013: 2810 ℓ; 2014: 3020 ℓ.
Wie viele Liter Heizöl hätte er in den zehn Jahren von 2005 bis 2014 insgesamt für die alte Anlage mehr tanken müssen?

c) Nimm an, dass Heizöl in den fraglichen Jahren im Durchschnitt 0,52 Euro pro Liter gekostet hat. Welchen Geldbetrag hat er in zehn Jahren allein beim Heizöl gespart?

18. Mehmet hat 15 000 € gespart. Er plant, in einer großen Rundreise durch England, Kanada und die USA seine Sprachkenntnisse zu verbessern. Vor Reiseantritt tauscht er bei seiner Sparkasse je 5000 € in £, kan.$ und US-$ um.

Preise am Bankschalter für 1 Euro		
	Verkauf	Ankauf
England (1 £)	0,6727	0,7177
Kanada (1 kan.$)	1,5362	1,6862
USA (1 US-$)	1,3004	1,3704

a) Welche Beträge erhält er in den fremden Währungen?

b) Von der Reise bringt er 600 £, 1000 kan.$ und 500 US-$ wieder mit, die er in Deutschland einwechselt. Welchen Euro-Betrag erhält er?

19. Niedersachsen (47 484 km²) hat einen Anteil von 13,3 % an der Gesamtfläche Deutschlands, Bayern umfasst 70 548 km². Stelle die Flächenanteile dieser beiden Bundesländer in einem Kreisdiagramm dar.

Lösungen

A   Lineare Gleichungen

▶ Seite 6

1. a) $L = \{5\}$ b) $x = -\frac{1}{2}$; $L = \{\}$ c) $L = \{11\}$
    d) $L = \{-3\}$ e) $L = \{8\}$ f) $L = \{2\}$

▶ Seite 7

2. a) $L = \{-2\}$; P: $6 = 6$ (w)   b) $L = \{-4\}$; P: $-46 = -46$ (w)
    c) $L = \{12\}$; P: $160 = 160$ (w)   d) $L = \{100\}$; P: $-130,7 = -130,7$ (w)

3. a) $L = \{-5\}$ b) $L = \{9,25\}$

4. a) $L = \{60\}$; P: $38 = 38$ (w)   b) $L = \left\{-\frac{1}{5}\right\}$; P: $-\frac{13}{30} = -\frac{13}{30}$ (w)

▶ Seite 8

5. a) $L = \{-5\}$; P: $-21 = -21$ (w) b) $L = \{-4\}$; P: $24 = 24$ (w)
    c) $L = \left\{\frac{1}{2}\right\}$; P: $0 = 0$ (w)   d) $L = \{-3\}$; P: $-29 = -29$ (w)

6. a) Dividiere (beide Seiten!) durch 3
    b) Dividiere durch (-4)

▶ Seite 9

7. a) $L = \{-6\}$; P: $-47 = -47$ (w) b) $L = \{3,6\}$; P: $19,2 = 19,2$ (w)
    c) $L = \{3\}$; P: $2,4 = 2,4$ (w)   d) $L = \{6\}$; P: $-\frac{15}{2} = -\frac{15}{2}$ (w)

8. a) $L = \left\{\frac{1}{2}\right\}$; P: $\frac{3}{2} \cdot \frac{9}{2} = \frac{3}{2} \cdot \frac{9}{2} = $ (w) b) $L = \{-1\}$; P: $10 = 10$ (w)
    c) $L = \{2\}$; P: $-8 = -8$ (w)   d) $L = \{3\}$; P: $0 = 0$ (w)

9. a) $\frac{1}{4} + 4x + 16x^2$ b) $\frac{1}{9}x^2 - \frac{4}{3}x + 4$
    c) $9r^2 - 3r + 0,25$ d) $2,25y^2 - 25z^2$

10. a) $L = \{-5\}$; P: $16 = 16$ (w)
    b) $L = \{6\}$; P: $82 = 82$ (w)
    c) $L = \{-0,4\}$; P: $3,28 = 3,28$ (w)
    d) $L = \left\{-\frac{1}{10}\right\}$; P: $\frac{13}{100} = \frac{13}{100}$ (w)

▶ Seite 10

11. a) GN: $10z$; $D = \mathbb{Q} \setminus \{10\}$, $L = \{1\}$; P: $\frac{1}{10} = \frac{1}{10}$ (w)
    b) GN: $x(x + 4)$; $D = \mathbb{Q} \setminus \{-4; 0\}$, $L = \{6\}$; P: $\frac{3}{2} = \frac{3}{2}$ (w)
    c) GN: $6y$; $D = \mathbb{Q} \setminus \{0\}$, $L = \left\{\frac{1}{3}\right\}$; P: $\frac{35}{2} = \frac{35}{2}$ (w)
    d) GN: $60x$; $D = \mathbb{Q} \setminus \{0\}$, $L = \{-16\}$; P: $\frac{1}{4} = \frac{1}{4}$ (w)

12. a) GN: $(1 + x)(2 + x)$; $D = \mathbb{Q} \setminus \{-2; -1\}$, $L = \{2\}$; P: $1 = 1$ (w)
    b) GN: $y(y - 3)$; $D = \mathbb{Q} \setminus \{0; 3\}$, $L = \{4\}$; P: $4 = 4$ (w)
    c) GN: $z(42 - z)$; $D = \mathbb{Q} \setminus \{0; 42\}$, $L = \{12\}$; P: $\frac{1}{6} = \frac{1}{6}$ (w)
    d) GN: $(x + 5)(7 + x)$; $D = \mathbb{Q} \setminus \{-7; -5\}$, $L = \{-17\}$; P: $\frac{67}{60} = \frac{67}{60}$ (w)

13. $c = \frac{0 - 2ab}{2a + 2b} = \frac{0 - 2ab}{2(a + b)}$ ▶ Seite 11

14. a) $h = \frac{2A}{g}$ b) $a = \frac{2A}{h} - c$

    c) $g_2 = \frac{2A}{h} - g_1$ d) $\alpha = \frac{360A}{\pi r^2}$

15. a) $g = (f - 32)\frac{9}{5}$ b) $t = \frac{m \cdot a \cdot s}{P}$

    c) $n_2 = \frac{n_1 \cdot M_1}{M_2}$ d) GN: $R_1 \cdot R_2 \cdot R_G$; $R_1 = \frac{R_2 \cdot R_G}{R_2 - R_G}$

16. Lösungsvariable x: Die gesuchte Zahl. ▶ Seite 12

    $(x + 1) \cdot 2 = 3x - 4 \Rightarrow x = 6$; Die gesuchte Zahl heißt 6.

17. Lösungsvariable x: Die erste der drei aufeinander folgenden Zahlen.

    $x + (x + 1) + (x + 2) = -3 \Rightarrow x = -2$;

    Die gesuchten Zahlen heißen $-2, -1$ und 0.

18. Lösungsvariable x: ▶ Seite 13

    $\frac{(x + 8) + 4}{x + 4} = \frac{5}{7} \Rightarrow x = -32$; setzt man diese Zahl im Bruch ein, erhält

    man $\frac{(-32 + 8) + 4}{-32 + 4} = \frac{-20}{-28} = \frac{5}{7}$ (w).

19. Lösungsvariable x: Der erste Summand.

    Also lautet der zweite Summand: $279 - x$

    $\Rightarrow \frac{x}{4} + \frac{279 - x}{7} = 57 \Rightarrow x = 160$

    Die beiden Summanden lauten also 160 und 119.

    Probe: $\frac{160}{4} + \frac{119}{7} = 40 + 17 = 57$ (w)

20. Lösungsvariable x: Die gesuchte Zahl.

    $(x + 4)(x - 4) + 2 = x^2 + 7x \Rightarrow x = -2$;

    die gesuchte Zahl lautet -2.

    Probe: $(-2 + 4)(-2 - 4) + 2 = (-2)^2 + 7 \cdot (-2)$

             $\Leftrightarrow -12 + 2 = 4 - 14 \Leftrightarrow -10 = -10$ (w)

21. Lösungsvariable x: Die kurze Seite des gegebenen Rechtecks.

    $x(x + 3) = (x - 4)(x + 10{,}5) \Rightarrow x = 12$

    Das gegebene Rechteck ist 12 cm lang und 15 cm breit. Das neue

    Rechteck ist 8 cm lang und 22,5 cm breit. Der Flächeninhalt beider

    Rechtecke beträgt $A = 180$ cm². Der Umfang beider Rechtecke beträgt

    54 cm bzw. 61 cm.

22. Lösungsvariable x: Die Breite des gegebenen Bauplatzes.

    $x \cdot 4x = (x - 3)(4x + 15) \Rightarrow x = 15$

    Der gegebene Bauplatz ist also 15 m breit und 60 m lang und benötigt

    150 m Zaun. Der andere hat eine Breite von 12 m und eine Länge von

    75 m und benötigt 174 m Zaun.

▶ Seite 14

23. Lösungsvariable x: Die Gesamtlänge des Pfeilers.
     $\frac{2}{3}x = 24 \Rightarrow x = 36$
     Der Pfeiler hat eine Gesamtlänge von 36 m.

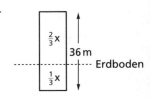

24. a) Zerlege die Fläche des Buchstabens in zwei Rechtecke:
     Flächeninhalt $A = 5a \cdot a + (2a)^2 \Leftrightarrow A = 5a^2 + 4a^2 \Leftrightarrow A = 9a^2$
     Der Umfang setzt sich aus der Summe aller Seiten zusammen:
     Umfang $u = 2 \cdot 5a + 2 \cdot 3a \Leftrightarrow u = 2 \cdot 8a \Leftrightarrow u = 16a$
     b) Setzt man in der Formel für den Flächeninhalt 3600 cm² ein, so folgt
     $9a^2 = 3600\,cm^2 \Rightarrow a = 20\,cm$; a muss also 20 cm lang sein.

▶ Seite 15

25. Lösungsvariable x: Säuregehalt der Mischung in Prozent.
     $40 \cdot 0{,}30 + 20 \cdot 0{,}90 = 60 \cdot x \Rightarrow x = 0{,}50$
     Die Mischung hat einen Säuregehalt von 50 %.

26. Lösungsvariable x: Menge der 80%igen Schwefelsäure in mℓ.
     Er nimmt x mℓ der 80%igen und $(700 - x)$ mℓ der 45%igen
     Schwefelsäure:
     $x \cdot 0{,}80 + (700 - x) \cdot 0{,}45 = 700 \cdot 0{,}50 \Rightarrow x = 100$
     100 mℓ der 80%igen und 600 mℓ der 45%igen Schwefelsäure muss der
     Chemiker nehmen.

27. Lösungsvariable x: Der Preis der Sorte C für 100 g bzw. $(x \cdot 10)$ für 1 kg
     in €. $12 \cdot 1{,}50 \cdot 10 + 8 \cdot 2{,}00 \cdot 10 + 5 \cdot x \cdot 10 = 25 \cdot 1{,}80 \cdot 10 \Rightarrow x = 2{,}20$
     100 g von Sorte C dürfen 2,20 € kosten.

28. Lösungsvariable x: Benötigte Wassermenge in dm³.
     Man nimmt 1,2 dm³ der 8%igen Lösung sowie x dm³ der 0%igen Lösung
     und erhält $(12 + x)$ dm³ der 5%igen Lösung:
     $1{,}2 \cdot 8\,\% + x \cdot 0\,\% = (1{,}2 + x) \cdot 5\,\%$
     $\Leftrightarrow 1{,}2 \cdot 0{,}08 + x \cdot 0 = (1{,}2 + x) \cdot 0{,}05 \Rightarrow x = 0{,}720$
     Es müssen $0{,}720\,dm^3 = 720\,cm^3 = 720\,mℓ$ Wasser dazugegossen
     werden.

▶ Seite 16

29. a) Lösungsvariable x: Julians Fahrzeit in Minuten.
     Julians Geschwindigkeit: $21 \frac{km}{h} = 350 \frac{m}{min}$
     Marcels Geschwindigkeit: $27 \frac{km}{h} = 450 \frac{m}{min}$
     Julian fährt x Minuten mit seiner Geschwindigkeit und Marcel fährt
     $(x - 10)$ Minuten mit seiner Geschwindigkeit. Beide legen dieselbe
     Strecke zurück: $350 \cdot x = 450 \cdot (x - 10) \Rightarrow x = 45$
     Julian ist 45 Minuten und Marcel ist 35 Minuten unterwegs.

b) Julian fährt 45 Minuten lang mit einer Geschwindigkeit von $350 \frac{m}{min}$. ▶ Seite 16
Seine Gesamtstrecke beträgt: $45 \cdot 350\,m = 15\,750\,m = 15{,}750\,km$
Probe: Marcel fährt 35 Minuten lang mit einer Geschwindigkeit von
$450 \frac{m}{min}$. Seine Gesamtstrecke beträgt auch:
$35 \cdot 450\,m = 15\,750\,m = 15{,}750\,km.$

30. Lösungsvariable x: Geschwindigkeit des langsameren Flugzeugs in $\frac{km}{h}$.

$15\,min = 0{,}25\,h$, also gilt: $0{,}25 \cdot x + 0{,}25 \cdot (x + 120) = 450 \Rightarrow x = 840$
Das langsamere Flugzeug fliegt mit einer Geschwindigkeit von $840 \frac{km}{h}$,
das schnellere mit einer Geschwindigkeit von $960 \frac{km}{h}$.

31. a) $y = 2$; (1) $L = \{2\}$; (2) $L = \{2\}$ b) $y = -4$; (1) $L = \{-4\}$; (2) $L = \{-4\}$
c) $a = \frac{2}{3}$; (1) $L = \{\ \}$; (2) $L = \left\{\frac{2}{3}\right\}$ d) $y = 6$; (1) $L = \{6\}$; (2) $L = \{6\}$

32. a) $x = 12$; $L = \{12\}$; P: $-80 = -80$ (w)
b) $x = 7$; $L = \{7\}$; P: $49 = 49$ (w)

33. Lösungsvariable x: Die kleinste der fünf gesuchten ganzen Zahlen.
$x + (x + 1) + (x + 2) + (x + 2) + (x + 3) + (x + 4) = -5 \Rightarrow x = -3$
Die gesuchten Zahlen heißen $-3; -2, -1; 0; 1$.

34. a) GN: $6x$; $D = \mathbb{Q} \setminus \{0\}$, $x = 2$; $L = \{2\}$
b) GN: $(y - 6)(y - 5)$; $D = \mathbb{Q} \setminus \{5; 6\}$, $x = 4{,}5$; $L = \{4{,}5\}$

35. a) $p = \frac{z \cdot 100 \cdot 360}{t \cdot k}$ b) $b = \frac{ac}{2c - a}$

36. Lösungsvariable a: Die ursprüngliche Kantenlänge des Würfels in cm.
Die Oberfläche des vergrößerten Würfels ist genauso groß wie die Oberfläche des ursprünglichen Würfels plus $24\,cm^2$:
$6(a + 1)^2 = 6a^2 + 24 \Rightarrow a = 1{,}5$
Die ursprüngliche Kantenlänge des Würfels beträgt $1{,}5\,cm$.

37. Lösungsvariable x: Menge von Sorte A (in kg).
$\Rightarrow$ Menge von Sorte C: $0{,}300 - x$ (in kg).
Damit kann die Preisgleichung aufgestellt werden:
$0{,}200\,kg \cdot 21€$ pro kg $+ x\,kg \cdot 19€$ pro kg $+ (0{,}300 - x)\,kg \cdot 24{,}50€$ pro kg
$= 11€$
kurz: $0{,}200 \cdot 21 + x \cdot 19 + (0{,}300 - x) \cdot 24{,}5 = 11 \Rightarrow x = 0{,}1$;
$0{,}1\,kg = 100\,g$
Die Mischung enthält $100\,g$ von Sorte A,
und je $200\,g$ der Sorten B und C.

B Lineare Gleichungssysteme

▶ Seite 18

1.

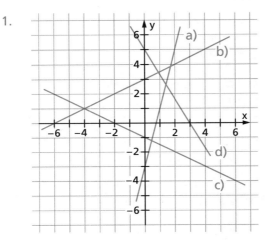

2. a) $m = \dfrac{\text{Höhendiffernz (h)}}{\text{Seitendifferenz (s)}} = \dfrac{-4}{2} = \dfrac{-2}{1} = -2$

$c = +1$

$\Rightarrow y = -2x + 1$

Probe: Koordinaten eines Punktes in die Funktionsgleichung einsetzen, z. B. in die von P:

$3 = -2 \cdot (-1) + 1$ (w)

bzw. $-7 = -2 \cdot 4 + 1$ (w)

b) z. B. $y = -2x + 4$ und $y = -2x - 3$

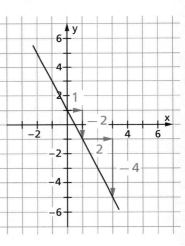

3. Gleichung nach y auflösen liefert:
   a) $y = 0,5x + 1,5$
   b) $y = -2x + 2$
   c) $y = 3x$

▶ Seite 18

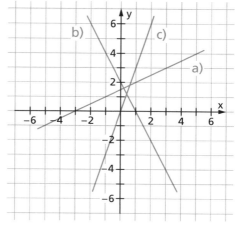

4. a) $a > 0 \Leftrightarrow m > 0$
      ⇒ die Gerade steigt
   b) $a < 0 \Rightarrow m < 0$
      ⇒ die Gerade fällt
   c) $a = 0 \Rightarrow y = 0 \cdot x + 3$
      ⇒ $y = 3$
      (für jeden Wert von x nimmt
      y den Wert 3 an, also ergibt
      sich eine Parallele zur x-Achse
      bei $y = 3$)

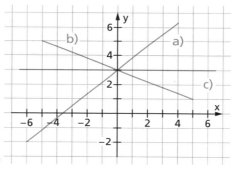

5. Tipp: Löse die Gleichungen zunächst nach y auf, zeichne dann die Graphen und lies die Schnittpunkte ab.

▶ Seite 19

   a) (1) $y = -\frac{2}{3}x + 4$
      (2) $y = x - 1$
      $S(3|2)$
      $L = \{(3|2)\}$
      P(1): $2 = -\frac{2}{3} \cdot 3 + 4$ (w)
      P(2): $2 = 3 - 1$ (w)

   b) (1) $y = -x + 3$
      (2) $y = -x + 1$
      $L = \{\}$, denn beide
      Geraden verlaufen
      parallel zueinander.

   c) (1) $y = 1,5x + 0,5$
      (2) $y = 1,5x + 0,5$
      Es gibt unendlich
      viele Lösungen,
      denn die beiden
      Geraden sind
      identisch.

6. Gleichungssystem aufstellen und dieses nach y auflösen:
   (1) $y + x = 5 \Leftrightarrow y = -x + 5$
   (2) $y - x = 5 \Leftrightarrow y = x + 5$
   Schnittpunkt der Geraden: $S(0|5)$. Die gesuchten Zahlen lauten also 0 und 5.

Lösungen

► Seite 19

7. Lösungsvariable x: Anzahl der Zweibettzimmer
    Lösungsvariable y: Anzahl der Dreibettzimmer
    (1) $2x + 3y = 18 \Leftrightarrow y = -\frac{2}{3}x + 6$
    (2) $x + y = 8 \Leftrightarrow y = -x + 8$
    Schnittpunkt $S(6|2)$. Es gibt 6 Zweibettzimmer und 2 Dreibettzimmer.

► Seite 20

8. Lösungsvariable x: Anzahl der Buchungen
    Lösungsvariable y: Betrag der Monatsgebühr
    K-Bank: $y = 0,10€ \cdot x + 5,00€$; kurz $y = 0,1x + 5$
    L-Bank: $y = 0,25€ \cdot x + 4,00€$; kurz $y = 0,25x + 4$

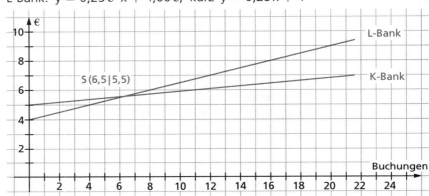

Bis zu 6 Buchungen pro Monat ist die L-Bank günstiger für Frau Hinz, bei mehr als 6 Buchungen die K-Bank.

9. Auflösen des LGS nach y liefert (1) $y = -ax - 4$ und
    (2) $y = 3x + c$.
    a) Wenn $a = -3$ und $c \neq -4$, dann verlaufen die beiden Geraden parallel.
    b) Wenn $a = -3$ und $c = -4$, dann sind beide Geraden identisch.
    c) Wenn $a = 1$ und $c = 0$, dann schneiden sich die Geraden in $S(-1|-3)$.

► Seite 21

10. a) $L = \{(6|7)\}$ b) $L = \{(7|7)\}$ c) $L = \{(3|2)\}$

11. a) $L = \{(20|9)\}$ b) $L = \{(-2|3)\}$ c) $L = \{(20|-24)\}$

12. a) $L = \{(-3|1)\}$
    b) Das LGS hat unendlich viele Lösungen, da beide Gleichungen äquivalent sind.
    c) Das LGS hat keine Lösung, denn die Umformungen führen zu einer nicht lösbaren Gleichung, z. B. $2y + 8 = 2y + 9$

13. a) $L = \{(2|0)\}$ b) $L = \{(-4|1)\}$ c) $L = \{(0|2)\}$

14. Lösungsvariable x: Länge der Basis in cm. ▶ Seite 22
Lösungsvariable y: Länge eines Schenkels in cm.
(1) $x + 2y = 64$ und (2) $y = x + 8$ ⇒ $L = \{(16|24)\}$
Die Basis ist 16 cm, die Schenkel sind jeweils 24 cm lang.

15. a) $L = \{(6|3)\}$ b) $L = \{(5|8)\}$ c) $L = \{(6|6)\}$

16. Mulitpliziere z. B. (1) mit 6 und (2) mit (-8). Damit erhält man $(-48y)$
und $(+48y)$.

17. a) $L = \{(8|10)\}$ b) $L = \{(4|7)\}$ c) $L = \{(-12|8)\}$ d) $L = \{(-2|3)\}$

18. a) (1) Multipliziere zunächst mit 12 ⇒ $3x + 4y = 12$ ▶ Seite 23
(2) Multipliziere zunächst mit 8 ⇒ $x - 4y = -4$
Das Lösen des LGS liefert $L = \{(2|1,5)\}$
b) (1) Multipliziere zunächst mit 30 ⇒ $6(x + 5) = 5(y + 9)$
(2) Multipliziere zunächst mit 8 ⇒ $2(x - 1) = 4(y - 1)$
Das Lösen des LGS liefert $L = \{(5|3)\}$
c) Hauptnenner (1): $(x + 1)(y + 5)$ mit $x \neq -1$ und $y \neq -5$
Hauptnenner (2): $(x - 1)(y - 3)$ mit $x \neq 1$ und $y \neq 3$
Man erhält (1) $y + 5 = 2x + 2$ und (2) $21y - 63 = 14x - 14$
Das Lösen des LGS liefert $L = \{(4|5)\}$
d) Hauptnenner (1): $(2 - 3x)(3y - 1)$ mit $x \neq \frac{2}{3}$ und $y \neq \frac{1}{3}$
Hauptnenner (2): $(2x + 1)(2y - 4)$ mit $x \neq -\frac{1}{2}$ und $y \neq 2$
Man erhält (1) $24y - 8 = 16 - 24x$ und (2) $-6y + 12 = 10x + 5$
Das Lösen des LGS liefert $L = \left\{\left(\frac{1}{4}\middle|\frac{3}{4}\right)\right\}$

19. a) $y = \frac{1}{2}x - 3$
b) $y = -\frac{1}{3}x + 1$
c) $y = 2x - 4$

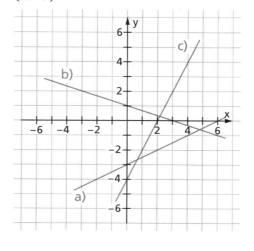

► Seite 23

20.　$3x + 4y = 4 \Leftrightarrow y = -\frac{3}{4}x + 1$

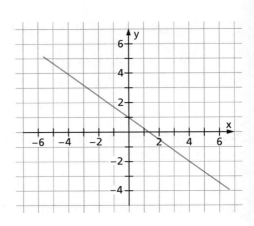

21.　Lösungsvariable x: Anzahl der 1-€-Münzen.
Lösungsvariable y: Anzahl der 10-Cent-Münzen
(1) $x \cdot 1€ + y \cdot 0{,}10€ = 20{,}00€ \Leftrightarrow y = -10x + 200$
(2) $y - 35 = x \Leftrightarrow y = x + 35$
$L = \{15 | 50\}$
Es sind 15 1-€-Münzen und 50 10-Cent-Münzen.

22.　a) g: $y = 2x + 1$
　　　 h: $y = -x + 7$
　　b) $L = \{(2 | 5)\}$

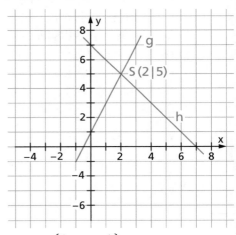

23.　a) $L = \{3 | -7{,}5\}$　　　　b) $L = \left\{\left(-5 \,\middle|\, -\frac{3}{2}\right)\right\}$

24.　(1) $10y + 4x = 20$　　　　(2) $3y - 6x = 24 \Rightarrow L = \{-2{,}5 | 3\}$

25.　Lösungsvariable x: Feingehalt der ersten Sorte.
Lösungsvariable y: Feingehalt der zweiten Sorte.
(1) $15x + 30y = 45 \cdot \frac{800}{1000}$
(2) $30x + 15y = 45 \cdot \frac{750}{1000}$
$L = \{0{,}7 | 0{,}85\}$; bedenke: $0{,}7 = \frac{700}{1000}$ und $0{,}85 = \frac{850}{1000}$
Die erste Sorte hat einen Feingehalt von 700, die zweite einen von 850.

C Quadratische Funktionen und Gleichungen

1.
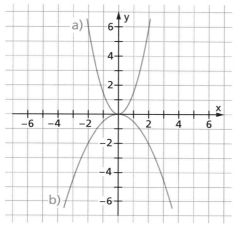
a) Gestauchte Normalparapel nach oben geöffnet.
b) Gestreckte Normalparapel nach unten geöffnet.

▶ Seite 25

2. Strecke die Normalparabel von der x-Achse aus mit dem Faktor 3 und spiegele diesen Graphen dann an der x-Achse.

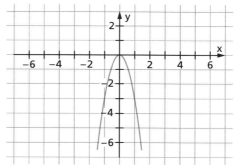

3. a) $5 = a \cdot 1^2 \Rightarrow a = \frac{5}{1} = 5; \; y = 5x^2$
   b) $y = \frac{1}{2}x^2$
   c) $y = -\frac{1}{2}x^2$
   d) $y = 8x^2$

4. a) Berechne a mit den Koordinaten von P:
      $6 = a \cdot 2^2 \Rightarrow a = \frac{6}{4} = \frac{3}{2}; \; y = \frac{3}{2}x^2$
      Berechne dann die y-Koordinate von Q:
      $y = \frac{3}{2} \cdot (-1)^2 = \frac{3}{2} \Rightarrow Q\left(-1 \mid \frac{3}{2}\right)$
   b) $y = -4x^2$; $Q(2 \mid -16)$ oder $Q(-2 \mid -16)$, denn $x^2 = 4$
      $\Rightarrow x_{1,2} = \pm 2$
   c) Nicht lösbar, denn es gibt keine Parabel $f(x) = ax^2$, deren Punkte oberhalb und unterhalb der x-Achse liegen.

► Seite 25

5. a)

t	s_{Erde}	s_{Mond}
1	4,9	0,8
2	19,6	3,2
3	44,1	7,2
4	78,4	12,8
5	122,5	20,0
6	176,4	28,8
7	240,1	39,2
8	313,6	51,2

b) Erde: ca. 3,2 Sekunden; Mond: ca. 7,9 Sekunden

► Seite 26

6. a) $y = (x + 1)^2 - 9$; $S(-1|-9)$
     $N_1(-4|0)$ und $N_2(2|0)$

    b) $y = 3(x - 2)^2 - 3$; $S(2|-3)$
     $N_1(1|0)$ und $N_2(2|0)$

    c) $y = 2(x + 1)^2 - 8$; $S(-1|-8)$
     $N_1(-3|0)$ und $N_2(1|0)$

    d) $y = \frac{1}{2}(x^2 - 2x)$
     $\Leftrightarrow y = \frac{1}{2}(x^2 - 2x + 1 - 1)$
     $\Leftrightarrow y = \frac{1}{2}[(x - 1)^2 - 1]$
     $\Leftrightarrow y = \frac{1}{2}(x - 1)^2 - \frac{1}{2}$;
     $S\left(1|-\frac{1}{2}\right)$
     $N_1(0|0)$ und $N_2(2|0)$

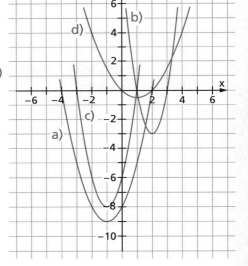

► Seite 27

7. a) (1) Koordinaten des Scheitelpunkts in $y = a(x - d)^2 + e$ einsetzen:
       $y = a(x - 3)^2 - 6$
       (2) Koordinaten von P in die Scheitelpunktform einsetzen:
       $2 = a(1 - 3)^2 - 6 \Rightarrow a = 2$
       (3) Funktionsgleichung: $y = 2(x - 3)^2 - 6 \Leftrightarrow y = 2x^2 - 12x + 12$

    b) (1) Koordinaten des Scheitelpunkts einsetzen:
       $y = a(x + 2)^2 + 3$
       (2) Koordinaten von P in die Scheitelpunktform einsetzen:
       $-5 = a(2 + 2)^2 + 3 \Rightarrow a = -\frac{1}{2}$
       (3) Funktionsgleichung: $y = -\frac{1}{2}(x + 2)^2 + 3 \Leftrightarrow y = -\frac{1}{2}x^2 - 2x + 1$

8. (1) $\quad 3 = a \cdot 0^2 + b \cdot 0 + c \Rightarrow c = 3$ ▶ Seite 27

   (2) $\quad 1 = a \cdot 2^2 + b \cdot 2 + 3$

   (3) $\quad 9 = a \cdot (-2)^2 + b \cdot (-2) + 3$

   $\overline{(2) + (3)\ 10 = 8a + 6} \Rightarrow a = \frac{1}{2}$

   $a = \frac{1}{2}$ eingesetzt in (2) liefert:

   $\quad 1 = \frac{1}{2} \cdot 2^2 + b \cdot 2 + 3 \Rightarrow b = -2$

   Funktionsgleichung $y = \frac{1}{2}x^2 - 2x + 3$

9. (1) Scheitelpunktform

   $f(x) = y = 3(x - 2)^2 - 1$

   $S(2 \,|\, -1)$

   (2) Geradengleichung

   $y = mx + c$

   m bestimmen:

   1. $5 = (-1) \cdot m + c$

   2. $-1 = 2m + c$

   $\Rightarrow m = -2$

   c bestimmen:

   $y = -2x + c$

   $\Rightarrow 5 = -2 \cdot (-1) + c$

   $\Rightarrow c = 3$

   (3) Funktionsgleichung

   $y = -2x + 3$

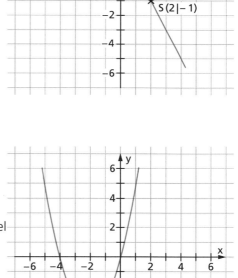

10. Gesuchte Zahl: x; Produkt: y

    $y = x(x + 4)$

    $\quad = x^2 + 4x$

    $\quad = (x + 2)^2 - 4$

    Der Graph ist eine Normalparabel

    mit $S(-2 \,|\, -4)$.

    Damit ist S auch das Minimum,

    also wird das

    Produkt $x(x + 4)$ minimal für die

    Zahl (-2).

    Ein Maximum existiert nicht.

11. a) $L = \{-3; 3\}$ b) $L = \{\}$ ▶ Seite 28

    c) $L = \{-1; 1\}$ d) $L = \{-5; 5\}$

    e) $L = \left\{-\sqrt{12}; +\sqrt{12}\right\} = \left\{-2\sqrt{3}; +2\sqrt{3}\right\}$

    f) $L = \left\{-\sqrt{2}; +\sqrt{2}\right\}$

▶ Seite 28 12.   a) $L = \{6; 8\}$ b) $L = \{\,\}$

c) $L = \{-9; 5\}$ d) $L = \{-0{,}5; 1{,}1\}$

e) $(x + 3)^2 = 144 \Rightarrow L = \{-15; 9\}$

f) $(x - 1)^2 = 0{,}25 \Rightarrow L = \{0{,}5; 1{,}5\}$

▶ Seite 29 13.   a) Quadratische Ergänzung: $2{,}5^2 = 6{,}25$; $L = \{-3; -2\}$

b) Quadratische Ergänzung: $6^2 = 36$; $L = \{-3; 15\}$

c) Quadratische Ergänzung: $\left(\frac{1}{2}\right)^2 = \frac{1}{4}$; $L = \{-3; 4\}$

d) Quadratische Ergänzung: $\left(\frac{1}{12}\right)^2 = \frac{1}{144}$; $L = \left\{-\frac{1}{2}, \frac{1}{3}\right\}$

Probe: z. B.

a) $(-3)^2 + 5 \cdot (-3) + 6 = 0$ (w) und $(-2)^2 + 5 \cdot (-3) + 6 = 0$ (w)

14.

	p	q	D	Anzahl Lösungen	L =
a)	10	21	4	2	$\{-7; -3\}$
b)	-4	5	-1	0	$\{\,\}$
c)	-1	0,25	0	1	$\{0,5\}$
d)	$-\frac{5}{6}$	$\frac{1}{6}$	$\frac{1}{144}$	2	$\left\{\frac{1}{3}, \frac{1}{2}\right\}$
e)	-9	14	6,25	2	$\{2; 7\}$
f)	-6	8	1	2	$\{2; 4\}$

z. B. Probe d): $\left(\frac{1}{3}\right)^2 - \frac{5}{6} \cdot \frac{1}{3} + \frac{1}{6} = 0$ und $\left(\frac{1}{2}\right)^2 + \frac{5}{6} \cdot \frac{1}{2} + \frac{1}{6} = 0$ (w)

$\Leftrightarrow \frac{1}{9} - \frac{5}{18} + \frac{1}{6} = 0 \qquad \frac{1}{4} - \frac{5}{12} + \frac{1}{6} = 0$

$\Leftrightarrow \frac{2}{18} - \frac{5}{18} + \frac{3}{18} = 0$ (w) $\qquad \frac{3}{12} - \frac{5}{12} + \frac{2}{12} = 0$ (w)

15.   Forme zunächst in die Normalform (NF) um:

a) NF: $x^2 + 4x - 12 = 0$; $L = \{-6; 2\}$

b) NF: $x^2 - 4x - 45 = 0$; $L = \{-5; 9\}$

c) NF: $x^2 - 7x + 6 = 0$; $L = \{1; 6\}$

d) NF: $x^2 + \frac{5}{4}x - \frac{3}{2} = 0$; $L = \left\{-2; \frac{3}{4}\right\}$

16.   a) z. B. $q = 4 \Rightarrow L = \{-5; 9\}$; allgemein: wenn $q > \left(\frac{p}{2}\right)^2 = 1{,}5^2$

b) $q = 1{,}5^2 \Rightarrow L = \{-1{,}5\}$; allgemein: wenn $q = \left(\frac{p}{2}\right)^2 = 1{,}5^2$

c) z. B. $q = 2 \Rightarrow L = \{-2; -1\}$; allgemein: wenn $q < \left(\frac{p}{2}\right)^2 = 1{,}5^2$

▶ Seite 30 17.   a) NF: $x^2 - x - 6 = 0$; $L = \{-2; 3\}$

b) NF: $x^2 - 6x + 8 = 0$; $L = \{2; 4\}$

c) NF: $x^2 + 10x + 21 = 0$; $L = \{-7; -3\}$

d) NF: $x^2 + 2x - 3 = 0$; $L = \{-3; 1\}$ ▶ Seite 30

(1) mit quadratischer Ergänzung: (2) mit Lösungsformel:

$(x + 1)^2 = 4$ $D = 1 + 3 = 4$

$x_1 = -2 - 1 = -3$ $x_1 = -1 - \sqrt{4} = -3$

$x_2 = 2 - 1 = 1$ $x_2 = -1 + \sqrt{4} = 1$

18.   a) Umformen in: $x^2 = -x + 2$ ▶ Seite 31

       Abgelesen: $S_1(-2|4)$; $S_2(1|1)$

       $\Rightarrow L = \{-2; 1\}$

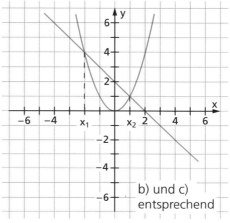

b) Umformen in: $x^2 = x + 6$ c) Umformen in: $x^2 = -4x - 3$

    Abgelesen: $S_1(-2|4)$; $S_2(3|9)$ Abgelesen: $S_1(-3|9)$;

    $\Rightarrow L = \{-2; 3\}$ $S_2(-1|1) \Rightarrow L = \{-3; -1\}$

d) Umformen in: $x^2 = 2x - 1$

    Abgelesen: $S_1(1|1)$

    (Ein Berührungspunkt)

    $\Rightarrow L = \{1\}$

b) und c) entsprechend

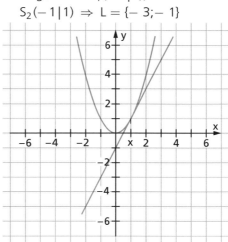

► Seite 31

19. a) Zeichnerisch: $x^2 = x + 1$

Abgelesen: $S_1(-0,6|0,4)$;

$S_2(1,6|2,6)$

$\Rightarrow L = \{-0,6; 1,6\}$

Rechnerisch:

NF: $x^2 - x - 1 = 0$; $D = 1,25$

$x_1 = -0,5 - \sqrt{1,25} \approx -0,618$

$x_2 = -0,5 + \sqrt{1,25} \approx 1,618$

$\Rightarrow L = \{-0,618; 1,618\}$

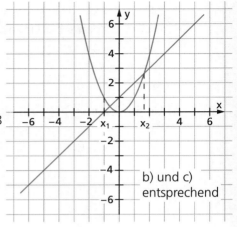

b) und c) entsprechend

b) Zeichnerisch: $x^2 = -0,2x + 2,5$

Abgelesen: $S_1(-1,7|0)$; $S_2(1,5|2,2)$

$\Rightarrow L = \{-1,7; 1,5\}$

Rechnerisch:

NF: $x^2 + 0,2x - 2,5 = 0$; $D = 2,51$

$x_1 = -0,1 - \sqrt{2,51} \approx -1,684$

$x_2 = -0,1 + \sqrt{2,51} \approx 1,484$

$\Rightarrow L = \{-1,684; 1,484\}$

c) Zeichnerisch: $x^2 = \frac{1}{4}x + 3$; Abgelesen: $S_1(-1,6|2,6)$; $S_2(1,9|3,5)$

$\Rightarrow L = \{-1,6; 1,9\}$

Rechnerisch:

NF: $x^2 - \frac{1}{4}x - 3 = 0$; $D = \frac{49}{16}$

$x_1 = \frac{1}{8} - \sqrt{\frac{49}{16}} = \frac{1}{8} - \frac{7}{4} = -1,625$

$x_2 = \frac{1}{8} + \sqrt{\frac{49}{16}} = \frac{1}{8} + \frac{7}{4} = 1,875$

$\Rightarrow L = \{-1,625; 1,875\}$

20. a) Richtig, denn $-2 + (-8) = -10 = -p$ und $(-2) \cdot (-8) = 16 = q$

b) Falsch, denn $-7 + 9 = 2 \neq -p$

c) Richtig

d) Richtig

e) Richtig

f) Richtig, denn $\frac{2}{3} + \left(-\frac{1}{2}\right) = \frac{4}{6} - \frac{3}{6} = \frac{1}{6} = -p$ und

$\frac{2}{3} \cdot \left(-\frac{1}{2}\right) = -\frac{1}{3} = q$

21. a) $-4 + (-2,5) = -6,5 \Rightarrow p = 6,5$ und $(-4)\cdot(-2,5) = 10 = q$ ▶ Seite 31
  $\Rightarrow$ NF: $x^2 + 6,5x + 10 = 0$
 b) NF: $x^2 + x - 6 = 0$
 c) NF: $x^2 + x - 30 = 0$
 d) NF: $x^2 - 4,9x + 5,1 = 0$
 e) $x_1 = x_2$ deshalb $5 + 5 = 10$
  $\Rightarrow p = -10$ und $5\cdot 5 = 25 = q$
  $\Rightarrow$ NF: $x^2 - 10x + 25 = 0$
 f) $x^2 + \frac{5}{3}x - \frac{2}{3} = 0$

22. Lösungsvariable x: Die kurze Seite des Rechtecks. ▶ Seite 32
 $x(x + 5) = 126$
 $\Rightarrow x_1 = 9;\ x_2 = -14$ (Lösung x_2 ist ohne Bedeutung)
 Die kürzere Seite ist 9 cm, die längere Seite 14 cm lang.

23. Lösungsvariablen a und b: Die beiden Seiten des Rechtecks.
 (1) $a \cdot b = 1250$ und (2) $a + b = 75 \Leftrightarrow b = 75 - a$
 Setze (2) in (1) ein (Einsetzungsverfahren):
 $a(75 - a) = 1250 \Leftrightarrow a^2 - 75a + 1250 = 0$
 $\Rightarrow a_1 = 25;\ a_2 = 50$ und $b_1 = 50;\ b_2 = 25$
 Die Seiten des Rechtecks sind 25 cm und 50 cm lang.

24. Lösungsvariablen a und b: Seitenlängen der beiden Quadrate.
 (1) $4a + 4b = 36 \Leftrightarrow b = 9 - a$ und (2) $a^2 + b^2 = 45$
 Lösungsweg mit dem Einsetzungsverfahren ergibt:
 $a^2 + (9 - a)^2 = 45 \Leftrightarrow 2a^2 - 18a + 36 = 0$
 $\Rightarrow a_1 = 3;\ a_2 = 6$ und $b_1 = 6;\ b_2 = 3$
 Die Quadrate haben die Seitenlängen 3 cm und 6 cm.

25. Lösungsvariablen a und b: Die beiden Seitenlängen des Grundstücks.
 (1) $a \cdot b = 2790$ und (2) $2(a + b) = 242 \Leftrightarrow b = 121 - a$
 Lösungsweg mit dem Einsetzungsverfahren ergibt:
 $a(121 - a) = 2790 \Leftrightarrow a^2 - 121a + 2790 = 0$
 $\Rightarrow a_1 = 31;\ a_2 = 90$ und $b_1 = 90;\ b_2 = 31$
 Das Grundstück ist 90 m lang und 31 m breit.

26. Ansatz: $(50 - 2x)(40 - 2x) = 1500$
 $\Leftrightarrow x^2 - 45x + 125 = 0$
 $\Rightarrow x_1 \approx 2,97$ und $x_2 \approx 42,03$
 Lösung x_2 ist ohne Bedeutung.
 Der Pflanzstreifen ist rund 3 m breit.

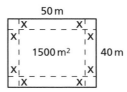

► Seite 32

27. Lösungsvariable x: Die gesuchte Zahl.
$x^2 + x = 12 \Rightarrow x_1 = -4$ und $x_2 = 3$
Die gesuchte Zahl heißt entweder -4 oder 3.

28. Lösungsvariable x: Die gesuchte negative rationale Zahl.
$(4x + 16)x = 180 \Rightarrow x_1 = -9$ und $x_2 = 5$
(x_2 entfällt als Lösung, da $5 > 0$)
Die gesuchte negative rationale Zahl heißt -9.

29. Lösungsvariable x: Die kleinere der beiden gesuchten Zahlen.
$x(x + 9) = -20 \Rightarrow x_1 = -5$ und $x_2 = -4$
Es gibt zwei mögliche Lösungen: Die gesuchten Zahlen lauten -5 und 4
oder -4 und 5.

30. Lösungsvariable x: Ursprüngliche Schülerzahl der Klasse.
(1) Preis pro Schüler vorher: $\frac{960€}{x}$
    Preis pro Schüler jetzt: $\frac{960€}{x + 1}$
(2) Es gilt: Preis pro Schüler vorher minus 1,60€ gleich Preis pro Schüler
    jetzt.
Also: $\frac{960€}{x} - 1,60 = \frac{960€}{x + 1}$
$\Leftrightarrow 960(x + 1) - 1,60x(x + 1) = 960x$
$\Leftrightarrow$ NF: $x^2 + x - 600 = 0$
$\Rightarrow x_1 = 24$ und $x_2 = -25$ (x_2 ohne Bedeutung)
Vorher waren 24 Schüler, jetzt sind 25 Schüler in der Klasse.
Vorher hätte jeder $\frac{960€}{24} = 40€$ gezahlt. Jetzt zahlt jeder $\frac{960€}{25} = 38,40€$.

31. a)

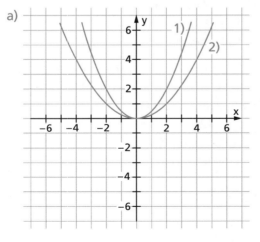

b)

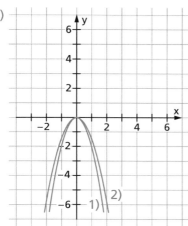

c)

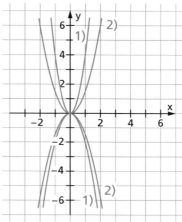

▶ Seite 32

32. a) $S(0|3)$ b) $S(-3|0)$ c) $S(3|3)$ ▶ Seite 33

33. a) Schnittpunkt
      abgelesen: $S(1,5|\approx 4,2)$
      b) $x^2 + 2 = (x - 2)^2 + 4$
      $\Rightarrow x = 1,5$
      $x = 1,5$ in $y = x^2 + 2$
      einsetzen:
      $\Rightarrow y = 4,25$
      $\Rightarrow S(1,5|4,25)$

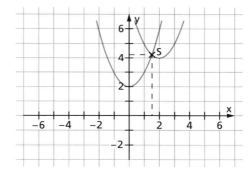

34. a) $f_1(x) = -(x + 1)^2$ $f_2(x) = (x + 1)^2 + 2$ $f_3(x) = (x - 1)^2 - 1,5$
      b) f_1: Maximum $(0|1)$ f_2: Minimum $(-1|2)$ f_3: Minimum $(1|-1,5)$

35. a) $y = (x + 1)^2 - 2$
      Abgelesen:
      $N_1(-2,4|0)$; $N_2(0,4|0)$

      b) $y = (x - 2)^2 + 1$
      Keine Nullstellen

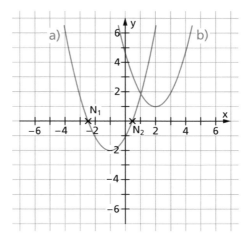

▶ Seite 33

36. a) $y = x^2$ und $y = x + 2$

 $\Rightarrow y = x^2 - x - 2$

 b) $S_1(-1|1)$; $S_2(2|4)$

 $\Rightarrow x_1 = -1$; $x_2 = 2$

 c) $x^2 - x - 2 = 0$

 $\Leftrightarrow \left(x - \frac{1}{2}\right)^2 = \frac{9}{4}$

 $\Rightarrow x_1 = -1$; $x_2 = 2$

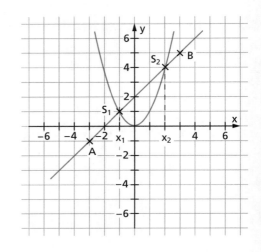

37. NF: $x^2 - x - 6 = 0$

 $\Rightarrow x_1 = -2$; $x_2 = 3$

38. Nein, denn die Gleichung hat die NF: $x^2 + 14x + 48 = 0$

 $\Rightarrow x_1 = -8$; $x_2 = -6$

39. a) NF: $x^2 + 9x + 20 = 0$; $L = \{-5; -4\}$

 b) NF: $x^2 + 4x + 3 = 0$; $L = \{-3; -1\}$

 c) NF: $x^2 - 4x = 0$; $L = \{0; 4\}$

 d) NF: $x^2 + x - 2 = 0$; $L = \{-2; 1\}$

40. a) GN: $2(x + 10)$

 $D = \mathbb{R} \setminus \{-10\}$

 NF: $x^2 + 10x + 24 = 0$

 $L = \{-6; -4\}$

 b) GN: $(2x - 11)(x + 2)$

 $D = \mathbb{R} \setminus \{-2; 5,5\}$

 NF: $x^2 + 8x - 33 = 0$

 $L = \{-11; 3\}$

 c) GN: $(x + 3)(x - 3)$

 $D = \mathbb{R} \setminus \{-3; 3\}$

 NF: $x^2 - 1,5x = 0$

 $L = \{0; 1,5\}$

 d) GN: $8(x - 2)$

 $D = \mathbb{R} \setminus \{2\}$

 NF: $x^2 + 8x + 16 = 0$

 $L = \{-4\}$

D Potenzen und Wurzeln

1. Die Potenzen bedeuten: ▶ Seite 34

    a) $x \cdot x \cdot x \cdot x$ b) $(-a) \cdot (-a) \cdot (-a)$

    c) $0,1 \cdot 0,1$ d) $0,01 \cdot 0,01$

    e) $(-0,2) \cdot (-0,2) \cdot (-0,2)$ f) $(ab) \cdot (ab) \cdot (ab) \cdot (ab)$

    g) $10 \cdot 10 \cdot 10 \cdot 1$

2. a) $2 \cdot 2 \cdot 2 \cdot 2 \cdot 2 = 32$ Kontrolle: $2^{2+3} = 2^5 = 32$

    b) $\frac{1}{2} \cdot \frac{1}{2} \cdot \frac{1}{2} \cdot \frac{1}{2} = \frac{1}{16}$ Kontrolle: $\left(\frac{1}{2}\right)^{1+3} = \left(\frac{1}{2}\right)^4 = \frac{1}{16}$

    c) $a \cdot a \cdot a \cdot a \cdot a \cdot a \cdot 1 = a^6$ Kontrolle: $a^{4+2+0} = a^6$

    d) $\left((-\frac{1}{3}) \cdot (-\frac{1}{3}) \cdot (-\frac{1}{3})\right) : \left((-\frac{3}{2}) \cdot (-\frac{3}{2}) \cdot (-\frac{3}{2})\right) = \left(-\frac{1}{27}\right) : \left(-\frac{8}{27}\right) = \frac{1}{27} \cdot \frac{27}{8} = \frac{1}{8}$

        Kontrolle: $\left[(-\frac{1}{3}) : (-\frac{2}{3})\right]^3 = \left(\frac{1}{3} \cdot \frac{3}{2}\right)^3 = \left(\frac{1}{2}\right)^3 = \frac{1}{8}$

    e) $(0,1 \cdot 0,1) \cdot (0,01 \cdot 0,01) = 0,01 \cdot 0,0001 = 0,000001$

        Kontrolle: $(0,1 \cdot 0,01)^2 = 0,001^2 = 0,000001$

    f) $((-0,01) \cdot (-0,01)) : ((-0,1) \cdot (-0,1)) = 0,0001 : 0,01 = 0,01$

        Kontrolle: $\left[\frac{-0,01}{-0,1}\right]^2 = (0,1)^2 = 0,01$

3. a) $a^{3+4+0} = a^7$ b) $\left[(-3) \cdot (-2) \cdot 2\right]^2 = 12^2 = 144$ ▶ Seite 35

    c) $b^{4-0} = b^4$ d) $10^{2+2+2} = 10^6$

    e) $\left[(-0,1) \cdot (-10) \cdot 2\right]^3 = (1 \cdot 2)^3 = 8$ f) $0,02^{4-3} = 0,02^1 = 0,02$

    g) $\left(\frac{1}{3}\right)^{4-3} = \left(\frac{1}{3}\right)^1 = \frac{1}{3}$ h) $\left(\frac{a \cdot b}{b \cdot a}\right)^3$, gekürzt: $1^3 = 1$

4. a) $\frac{2^3 \cdot 5^3 \cdot 5^2}{2^2 \cdot 5^2 \cdot 5^1} = 2^{3-2} \cdot 5^{3+2-2-1} = 2 \cdot 5^2 = 50$ b) $a^{5+3-7} = a^1 = a$

    c) $4^2 = 2^4$; Lösung: $2^{4+4-6} = 2^2 = 4$ d) $\frac{b^6 \cdot b}{b^6} = b$ (gekürzt)

5. a) $3a^2$ b) $3x^3$ c) 0 d) $7a^4$

6. a) $9a^5$ b) x^3 c) $6b^6$ d) $2x^3$

    e) $a \cdot 2a^2 = 2a^3$ f) $-x \cdot 0 = 0$ g) $a^{4-2}b^{2-1} = a^2b$ h) -1

7. a) $2 \cdot 81 - 81 = 81$ b) $2 \cdot 0 = 0$

    c) $6^4 - 81 = 1296 - 81 = 1215$ d) $81 - 81 = 0$

8. a) $2^{n+(n+2)} = 2^{2n+2}$ b) $3^{2n-n} = 3^n$

    c) 2^{3n} d) 2^x

9. a) $(10 \cdot 10) \cdot \left(\frac{1}{10 \cdot 10}\right) = 1$ b) $\frac{1}{10} : \frac{1}{10} = 1$ c) $\left(\frac{1}{10}\right)^{-2} = \frac{1}{\left(\frac{1}{10}\right)^2} = 100$ ▶ Seite 36

    d) $(a \cdot a \cdot a \cdot a) \cdot \left(\frac{1}{a^3}\right) = a$ e) $\left(\frac{1}{a^2}\right)^{-2} = a^4$

    Überprüfungen:

    a) $10^{2+(-2)} = 10^0 = 1$ b) $10^{-1-(-1)} = 10^0 = 1$

    c) $10^{(-1) \cdot (-2)} = 10^2 = 100$ d) $a^{4+(-3)} = a^1 = a$

    e) $a^{(-2) \cdot (-2)} = a^4$

▶ Seite 36

10. a) $\frac{1}{0,1} \cdot \frac{1}{0,0001} = \frac{1}{0,00001} = 100\,000$ b) $1000 \cdot \frac{1}{0,01} = 100\,000$
    c) $1000 \cdot \frac{1}{0,001} = 1\,000\,000$ d) $\frac{1}{0,001} \cdot \frac{1}{100} = \frac{1}{0,1} = 10$
    e) $2 \cdot \frac{1}{0,1} = 20$ f) $\frac{1}{8} \cdot 8 = 1$
    g) $2^{-1+1+2} = 2^2 = 4$ h) $3^{1+(-1)+2} = 3^2 = 9$
    i) $2^{3+0+(-2)} = 2^1 = 2$

11. a) $8^4 = (2 \cdot 2 \cdot 2)^4 = (2^3)^4 = 2^{12}$ oder: $2^4 \cdot 4^4 = 4^2 \cdot 4^4 = 4^6$
    b) 2^{-4} c) 10^4 d) 10^{-4} e) 2^{2n}

12. a) 100^2 b) $\left(\frac{1}{4}\right)^2$ c) $\left(\frac{1}{16}\right)^2$ d) $\left(\frac{1}{10}\right)^3$
    e) $\left(\frac{2}{10}\right)^3 = \left(\frac{1}{5}\right)^3$

13. a) $0,1^{-4}$ b) $4^{-2} = 2^{-4}$
    c) $16^{-2} = 4^{-4} = 2^{-8}$ d) 10^{-3}
    e) $\left(\frac{10}{2}\right)^{-3} = 5^{-3}$

14. a) $2^{-2+(-4)} = 2^{-6} = \frac{1}{64}$ b) $2^{(-5)+7} = 2^2 = 4$
    c) $2^{(-6)+5} = 2^{-1} = \frac{1}{2}$ d) $3^{2+(-1)+1} = 3^2 = 9$
    e) $a^{(-4)-(-3)} = a^{-1} = \frac{1}{a}$ f) $a^{(-6)} \cdot 1 = \frac{1}{a^6}$
    g) $x^{(-3)+(-1)+1} = x^{-3} = \frac{1}{x^3}$ h) $x^0 = 1$
    i) $a^{-2} = \frac{1}{a^2}$

15. a) $2^{(-3)+5-(-2)-(-1)} = 2^5 = 32$ b) $a^{2+(-3)-4-(-3)} = a^{-2} = \frac{1}{a^2}$
    c) $x^{5+(-4)-(-5)-(-3)} = x^9$ d) $2^{n+(n+2)-(n+3)} = 2^{n-1}$
    e) $a^{(m+1)+2n-m-n} = a^{n+1}$

▶ Seite 38

16. a) 1 000 000 (eine Million) b) 10 000 000 000 (zehn Milliarden)
    c) 0,01 (ein Hundertstel) d) 0,00001 (ein Hunderttausendstel)
    e) 1300 (eintausenddreihundert) f) 900 000 (neunhundert Tausend)
    g) 0,0012 (zwölf Zehntausendstel) h) 0,000 000 010 (zehn Milliardstel)

17. a) $72 \cdot 10^6 = 7,2 \cdot 10^7$ b) $123 \cdot 10^6 = 1,23 \cdot 10^8$
    c) $2,345 \cdot 10^9$ d) $9,99 \cdot 10^5$
    e) $9 \cdot 10^{-6}$ f) $9 \cdot 10^{-7}$
    g) $2,46 \cdot 10^{-4}$ h) $7,8 \cdot 10^{-8}$

18. a) $1,2 \cdot 10^{-3}$ b) $1,23 \cdot 10^{-2}$ c) $3,4 \cdot 10^{-5}$ d) $4,5 \cdot 10^{-6}$
    e) $7,2 \cdot 10^{-4}$ f) $8,1 \cdot 10^{-8}$ g) $2,1 \cdot 10^7$ h) $5,9 \cdot 10^8$

19. a) 10 705 g b) 347 μm c) 5,4 ℓ d) 28 nm
    e) 4,5 mm f) 31,8 kV g) 101 300 Pa h) 2,677 Mg
    i) $3,9 \cdot 10^6$ GWh

20. a) $\lambda = 0,000\,000\,000\,001$ m (ein Picometer)
    b) f = 100 000 000 000 000 000 000 Hz (einhundert Trillionen Hertz)

21. Wellenlängen der Spektrallinien von Wasserstoff: ▶ Seite 38
$\approx 0{,}410\,\mu m = 0{,}410\cdot 10^{-6}\,m$; $\approx 0{,}434\,\mu m = 0{,}434\cdot 10^{-6}\,m$;
$\approx 0{,}486\,\mu m = 0{,}486\cdot 10^{-6}\,m$; $\approx 0{,}656\,\mu m = 0{,}656\cdot 10^{-6}\,m$

22. In USA sagt man:
    a) 10 Billionen Dollar, weil $10\,000\cdot 10^6\,\$ = 10\cdot 10^9\,\$$
    b) 800 Billionen \$ c) 2 Billionen d) 500 Billionen

23. a) $14490\cdot 10^{15}\,J\cdot 2{,}778\cdot 10^{-7}\,\frac{kWh}{J} = 4{,}025\cdot 10^{12}\,kWh = 4{,}025\,PWh$ ▶ Seite 39
    1997 betrug der Primärenergieverbrauch 4,025 Billionen kWh.
    b) $4{,}025\cdot 10^{12}\,kWh : (82{,}057\cdot 10^6)$ Einw. $= 0{,}049\cdot 10^6\,\frac{kWh}{Einw.} = 49\,\frac{MWh}{Einw.}$
    1997 betrug der Energieverbrauch 49 MWh pro Kopf.

24.

	a) Anteil an weltweiter Emission	b) Emission in Tonnen pro Einw.
Deutschland	$\approx 3{,}51\,\%$	10,908
Frankreich	$\approx 1{,}67\,\%$	7,203
USA	$\approx 24{,}75\,\%$	21,845
Afrika	$\approx 3{,}37\,\%$	$\approx 1{,}060$
Lateinamerika	$\approx 3{,}69\,\%$	$\approx 2{,}257$
Welt	100 %	4,095

b) Die Vereinigten Staaten allein verursachen rund $\frac{1}{4}$ aller CO_2-Emissionen auf der Welt und damit z. B. das 3,5-fache der Emissionen der Kontinente Afrika und Lateinamerika zusammen.

25. $132\,\frac{\ell}{Einw.\cdot Tg.}\cdot 365\,Tg.\cdot 81{,}9\cdot 10^6$ Einw. $= 3\,945{,}942$ Mrd. Liter
    $= 3{,}946$ Mrd. $m^3 = 3{,}946\cdot 10^9\,m^3$

26. a) 7   b) 100   c) 2   d) 3   e) 4 ▶ Seite 40
    f) 2   g) 0,3   h) 0,01   i) $\frac{2}{5}$ j) $\frac{2}{5}$

27. a) $\sqrt[10]{1024} = 2$ b) $\sqrt[5]{243} = 3$
    c) $\sqrt{0{,}49} = 0{,}7$ d) $\sqrt[6]{1\,000\,000} = 10$

28. a) $2^6 = 64$; wahr   b) $1^6 = 1\,000\,000$; falsch
    c) $5^4 = 625$; wahr   d) $30^2 = 1000$; falsch

29. a) $\sqrt[5]{3^5} = 3$ b) $\sqrt[4]{100^2} = 100^{\frac{1}{2}} = 10$ c) $\sqrt{64} = 8$
    d) $\sqrt[6]{64} = \sqrt[6]{2^6} = 2$ e) $\left(49^{\frac{1}{2}}\right)^2 = 49$ f) $5^2 = 25$
    g) $\left(\sqrt{25}\right)^3 = 5^3 = 125$ h) $\left(\sqrt[4]{16}\right)^3 = 2^3 = 8$

▶ Seite 41

30. a) $\sqrt{36} = 6$
    b) $\sqrt{\frac{98}{2}} = \sqrt{49} = 7$
    c) $\sqrt{2 \cdot 3 \cdot 6} = \sqrt{36} = 6$
    d) $\sqrt{\frac{288}{8}} = \sqrt{36} = 6$
    e) $27^{\frac{3}{3}} = 27$
    f) $27^{\frac{6}{3}} = 27^2 = 729$

31. a) $\sqrt{36a^4b^4} = 6a^2b^2$
    b) $\sqrt{4x^2y^2} = 2xy$
    c) $\sqrt{25a^2b^2} = 5ab$

32. a) $\sqrt{9} - \sqrt{36} = (-3)$
    b) $\sqrt{4} + \sqrt{9} = 5$
    c) $\sqrt{16} - \sqrt{9} = 1$

33. a) a^3bc^2
    b) $4^2 \cdot 3 \cdot 2^3 = 384$
    c) ab^2

34. a) $a^{\frac{3}{4}} \cdot a^{\frac{1}{2}} = a^{\frac{3}{4}+\frac{1}{2}} = a^{\frac{5}{4}} = \sqrt[4]{a^5} = a \cdot \sqrt[4]{a}$
    b) $2^{\frac{1}{2}} \cdot 4^{\frac{1}{4}} = 2^{\frac{1}{2}+\frac{1}{4}+\frac{1}{4}} = 2^1 = 2$
    c) $x^{\frac{6}{4}} : x^{\frac{6}{3}} = x^{\frac{3}{2}-2} = x^{-\frac{1}{2}} = \frac{1}{\sqrt{x}}$

35. a) $12x^2(1 - 4x^2)$
    b) $12x^2 \cdot (4 - x^2)$
    c) $12\sqrt{xy} \cdot (1 + 3\sqrt{xy})$

▶ Seite 42

36. a) $45 + 2 \cdot \sqrt{900} + 20 = 125$
    b) $3x - 2\sqrt{6x^2} + 2x = x(5 - 2\sqrt{6})$
    c) $a - b$

37. a) $\sqrt{\frac{4}{2}} = \sqrt{2}$
    b) $\sqrt{\frac{9}{3}} = \sqrt{3}$
    c) $\sqrt{\frac{16}{3}} = \sqrt{2}$
    d) $\sqrt{0{,}25 \cdot 8} = \sqrt{2}$
    e) $\sqrt{0{,}01 \cdot 1000} = \sqrt{10}$
    f) $\sqrt{100 \cdot 0{,}4} = \sqrt{40} = 2\sqrt{10}$
    g) $\sqrt{\frac{4a}{2}} = \sqrt{2a}$
    h) $\sqrt{\frac{2a^2}{a}} = \sqrt{2a}$
    i) $\frac{\sqrt{4a^2}}{a} = 2\sqrt{a}$

38. a) 3025000
    b) 25000000
    c) $0{,}001350$

39. a) $13 \cdot 10^{-6} = 1{,}3 \cdot 10^{-5}$
    b) $24{,}556 \cdot 10^6 = 2{,}4556 \cdot 10^7$
    c) $10 \cdot 10^{-9} = 1 \cdot 10^{-8}$

40. a) $10^3 \cdot a^{-2} = \frac{1000}{a^2}$
    b) $xy^{-1} = \frac{x}{y}$
    c) $2^6 a^{-2} b^4 = \frac{64b^4}{a^2} = \left(8\frac{b^2}{a}\right)^2$

41. a) $\sqrt{81} + \sqrt{9} = 12$
    b) $\sqrt{625} - \sqrt{25} = 20$
    c) $32 + 2\sqrt{64} + 2 = 50$

42. a) $\sqrt{49} = 7$
    b) $\sqrt[5]{32} = 2$
    c) $\sqrt[3]{0{,}125} = 0{,}5$

43. Infrarotwellen:
    a) $0{,}000001\,\text{m} \leqq \lambda \leqq 0{,}001\,\text{m}$
    b) $1\,\mu\text{m} \leqq \lambda \leqq 1\,\text{mm}$
    Sichtbares Licht:
    a) $0{,}00000039\,\text{m} \leqq \lambda \leqq 0{,}00000077\,\text{m}$
    b) $390\,\text{nm} \leqq \lambda \leqq 777\,\text{nm}$
    Röntgenstrahlen:
    a) $0{,}000000000001\,\text{m} \leqq \lambda \leqq 0{,}000000010\,\text{m}$
    b) $1\,\text{pm} \leqq \lambda \leqq 10\,\text{nm}$
    γ-Strahlen:
    a) $0{,}000000000000100\,\text{m}$
    b) $0{,}1\,\text{pm}$

E   Wachstums- und Abnahmevorgänge

1. a) $q = 1{,}10$, weil $q = 1 + \frac{p}{100} = 1 + \frac{10}{100} = 1 + 0{,}10 = 1{,}10$ ist. ► Seite 43
   b) $q = 1{,}30$ c) $q = 1{,}50$
   d) $q = 1{,}01$ e) $1{,}005$
   f) $q = 1{,}0225$ g) $q = 2$

2. a) $q = 0{,}90$, weil $q = 1 - \frac{p}{100} = 1 - 0{,}10 = 0{,}90$ ist.
   b) $q = 0{,}70$ c) $q = 0{,}50$
   d) $q = 0{,}99$ e) $q = 0{,}995$
   f) $q = 0{,}9475$ g) $q = 0{,}001$

3. Lehmann: $2800{,}00 \cdot 1{,}023 = 2864{,}40\,€$
   Schulze: $2800{,}00 \cdot 1{,}019 = 2853{,}20\,€$

4. $G \cdot q = E \Rightarrow q = \frac{E}{G}$, eingesetzt: $q = \frac{2580{,}00\,€}{2500{,}00\,€} = 1{,}032$
   $\Rightarrow p = 3{,}2\,\%$. Ihr Gehalt wurde um $3{,}2\,\%$ erhöht.

5. $G \cdot q = E \Rightarrow G = \frac{E}{q}$, eingesetzt: $G = \frac{4368{,}00\,€}{1{,}04} = 4200{,}00\,€$. ► Seite 44
   Ihr Gehalt betrug vorher 4200,00 Euro.

6. a) Endwert $= 860{,}00\,€ \cdot 1{,}0275 = 883{,}65\,€$
   b) Grundwert $= 1876{,}50\,€ : 1{,}0425 = 1800{,}00\,€$
   c) Wachstumsfaktor $= 1660{,}00\,€ : 1600{,}00\,€ = 1{,}0375 \Rightarrow p = 3{,}75\,\%$
   d) Endwert $= 2200{,}00\,€ \cdot 1{,}0075 = 2216{,}50\,€$

7.
Anfang des Jahres	Preis der Zeitung
1991	25,85 DM
2000	39,00 DM
2005	45,18 DM

   a) $25{,}85\,\text{DM} \cdot q^9 = 39{,}00\,\text{DM}$
   $\Rightarrow q = 1{,}04675 \Rightarrow p \approx 4{,}7\,\%$
   b) $39{,}00\,\text{DM} \cdot q^5 = 45{,}18\,\text{DM}$
   $\Rightarrow q = 1{,}02986 \Rightarrow p \approx 3{,}0\,\%$
   Der Bezugspreis ist im Mittel pro Jahr a) von 1991 bis 2000 um $4{,}7\,\%$, b) von 2000 bis 2005 um $3{,}0\,\%$ gestiegen.

8. $254\,300 \text{ Einw.} \cdot 1{,}0176 \approx 258\,776 \text{ Einw.}$
   Anfang 2005 betrug die Einwohnerzahl 258 776 Personen.

9. $36\,300 \text{ Pers.} \cdot 1{,}0175 \cdot 1{,}0093 \cdot 1{,}0004 \cdot 1{,}0108 = 37\,696 \text{ Pers.}$ ► Seite 45
   Am 31.12.2007 betrug die Einwohnerzahl 37 696 Personen.

10. a) $320{,}00\,€ \cdot 0{,}70 \cdot 0{,}80 = 179{,}20\,€$ (= Preis zum Schluss)
    b) Nein! Der Endpreis ist $G \cdot 0{,}70 \cdot 0{,}80 = G \cdot 0{,}56$. Der Preis war also um $44\,\%$ herabgesetzt und nicht um $50\,\%$.

▶ Seite 45

11. Fall 1: Erhöhung um den Faktor $1,032 \cdot 1,018 = 1,050576$
    Fall 2: Erhöhung um den Faktor $1,025 \cdot 1,025 = 1,050625$
    Im 2. Fall ist die Erhöhung in zwei Jahren etwas größer.

12. a) $40,00€ \cdot 0,90 \cdot 0,90 \cdot 0,90 \cdot 0,90 \cdot 0,90 = 23,62€$
    b) $18,90€$ (= Preis am Montag darauf)

13. $7680,00€ \cdot 0,80 \cdot 0,95 = 5836,80€$ (= Preis der Küche)

14. Vom 6. Monat an werden monatlich 68 250 Packungen verkauft.

Im … . Monat	Absatz/Monat	
1	20 000 Packungen	$\rbrace \cdot 1,30$
2	26 000 Packungen	$\rbrace \cdot 1,40$
3	36 400 Packungen	$\rbrace \cdot 1,50$
4	54 600 Packungen	$\rbrace \cdot 1,25$
5	68 250 Packungen	

▶ Seite 47

15. a) $5000€ \cdot 1,045^{12} = 8479,41€$
    Tastenfolge bei der Berechnung von $1,045^{12}$: 1.045 $\boxed{x^y}$ 12 $\boxed{=}$ …
    b) $8000€ \cdot 1,07^{10} = 15737,21€$
    c) $12500€ \cdot 1,035^3 = 13858,97€$
    d) $25000€ \cdot 1,075^5 = 35890,73€$

16. Fall 1: $5000€ \cdot 1,08^{10} = 10794,62€$
    Fall 2: $8000€ \cdot 1,05^{10} = 13031,16€$
    Antwort: 8000 Euro zu 5 % bringen nach 10 Jahren mehr.

17. Wert des Stiftungskapitals nach 8 Jahren:
    $1\,000\,000€ \cdot 1,0675^8 = 1\,686\,331,95€$
    Diese bringen jährlich $113\,827,41€$ Zinsen. Also erhält jede Studentin jährlich ein Stipendium von $11\,382,74€$.

18. $K_0 = K_n : q^n$; eingesetzt: $K_0 = 10000€ : 1,055^{12} = 5259,82€$

19. $K_0 \cdot 1,0525^n = 2 \cdot K_0$ bzw. $K_0 \cdot 1,0525^n = 3 \cdot K_0$
    $\Rightarrow 1,0525^n = 2$ bzw. $\Rightarrow 1,0525^n = 3$
    Diese Gleichungen kannst du durch systematisches Probieren lösen:
    Antwort:
    Das Kapital ist nach 14 Jahren bei 5,25 Zinseszinsen auf etwas mehr als das Doppelte angewachsen. Verdreifachung nach rund $21\frac{1}{2}$ Jahren.

n	$1,0525^n$
5	$\approx 1,2915$
10	$\approx 1,6681$
12	$\approx 1,8478$
13	$\approx 1,9449$
14	$\approx 2,0470$

20. Nach dem Aufgabentext gilt: $K_0 \cdot 1{,}04^3 \cdot 1{,}05^4 = 1367{,}28\,€$ ▶ Seite 47
$\Rightarrow K_0 = 1367{,}28\,€ : 1{,}05^4 : 1{,}04^3 = 1000{,}00\,€$
Antwort: Vor 7 Jahren wurden 1000,00 Euro angelegt.

21. a) Wertetabelle ▶ Seite 49

x	y	
0	2	
		$\rangle -1{,}6$
1	0,4	
		$\rangle -1{,}6$
2	$-1{,}2$	
		$\rangle -1{,}6$
3	$-2{,}8$	
		$\rangle -1{,}6$
4	$-4{,}4$	
		$\rangle -1{,}6$
5	-6	
...	...	

z konstant $-1{,}6$

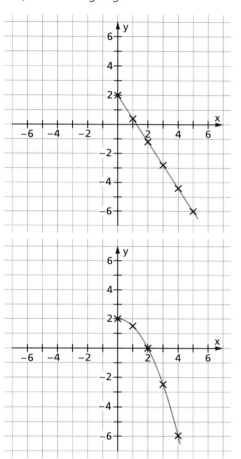

b)

x	y	
0	2	
		$\rangle -0{,}5$
1	1,5	
		$\rangle -1{,}5$
2	0	
		$\rangle -2{,}5$
3	$-2{,}5$	
		$\rangle -3{,}5$
4	-6	
		$\rangle -4{,}5$
5	$-10{,}5$	
...	...	

$z_n = x_{n-1} - 1$

▶ Seite 49

22. a)

	(1)		(2)		(3)		(4)		(5)	
	x	y	x	y	x	y	x	y	x	y
	...	...	...	...	...	...	...	...	...	...
	4	80	2	7	?		4	7	4	4
	5	125	3	9			5	10	5	4,5

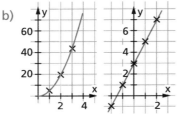
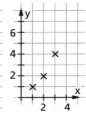
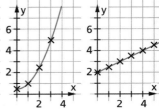

(1)
$z_1 = 5$
$z_2 = 15$
$z_3 = 25$
usw.

(2)
$z_1 = 2$
$z_2 = 2$
$z_3 = 2$
usw.

(4)
$z_1 = 0{,}5$
$z_2 = 1{,}5$
$z_3 = 2{,}5$
usw.

(5)
$z_1 = 0{,}5$
$z_2 = 0{,}5$
$z_3 = 0{,}5$
usw.

Änderungsraten

$z_n = z_{n-1} + 10$ konstant 2   ? $z_n = z_{n-1} + 1{,}0$ konstant 0,5

b)

c) Bei den Beispielen (2) und (5) liegt lineares Wachstum vor.
Grund: Die Änderungsraten sind jeweils konstant.
Gleichung zu (2): $y = 2x + 3$; Gleichung zu (5): $y = 0{,}5x + 2$

d) Quadratisches Wachstum liegt in den Beispielen (1) und (4) vor.
Grund: Die Änderungsraten nehmen jeweils Schritt für Schritt um den
gleichen Betrag zu. Gleichung zu (1): $y = 5 \cdot x^2$; Gleichung zu
(4): $y = 0{,}5 \cdot x^2 + 0{,}5$

23. Änderungsraten
(1) konstant 10, also lineares Wachstum
(2) Schritt für Schritt um 20 mehr, also quadratisches Wachstum
(3) Schritt für Schritt um 6 mehr, also quadratisches Wachstum
In der Physik heißt (1) eine gleichförmige Bewegung, (2) und (3) sind
gleichmäßig beschleunigte Bewegungen.

24. Wertetabellen ▶ Seite 50

(1)
Monat t	Sprungweite s	
April 0	4,50 m	
Mai 1	4,60 m	⟩ +0,10 m
Juni 2	4,70 m	⟩ +0,10 m
... ...	...	⟩ + ...
Oktober 6	?	

(2)
Monat t	Sprungweite s	
April 0	4,50 m	
Mai 1	4,52 m	⟩ +0,02 m
Juni 2	4,58 m	⟩ +0,06 m
Juli 3	4,68 m	⟩ +0,10 m
... ...	...	⟩ + ...

a) In (1) liegt lineares Wachstum, in (2) quadratisches Wachstum vor.
   Begründungen: (1) Konstante Änderungsrate 0,10 m.
   (2) Änderungsraten wachsen Schritt für Schritt um 0,04 m.
b) Sprungweiten im Oktober: Fall (1): 5,10 m; Fall (2): 5,22 m

25.

t (in s)	s (in m)
0	0
1	4,91
2	19,62
3	44,15
4	78,48
5	122,63
6	176,58
7	240,35
8	313,92
9	397,31
10	490,50
	Auf cm gerundet

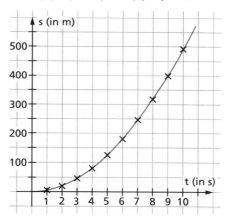

Änderungsraten: $z_n = z_{n-1} + g$. Die Änderungsraten wachsen mit jeder Sekunde um $g = 9,81$.

Lösungen

▶ Seite 50

26. a) Aus den gegebenen Werten erkennt man, dass die Änderungsraten von Sekunde zu Sekunde um 4 (Meter) wachsen. Es handelt sich also um quadratisches Wachstum. Gleichung: $s = \frac{4}{2} \cdot t^2 = 2 \cdot t^2$

t(in s)	0	1	2	3	4	5	6	7	8	9
s(in m)	0	2	8	18	32	50	72	98	128	162

t(in s)	10	11	12	13	14	15	16	17	18
s(in m)	200	242	288	338	392	450	512	578	648

b) Für gleichmäßig beschleunigte Bewegungen gilt:
$s = \frac{a}{2} \cdot t^2$ und $v = a \cdot t$.
Im Beispiel ist $a = 4 \frac{m}{s^2}$ und damit
$v(18) = 4 \frac{m}{s^2} \cdot 18\,s = 72 \frac{m}{s} = 259{,}2 \frac{km}{h}$.
Wenn du die Formel $v = a \cdot t$ nicht kennst, kannst du die Momentangeschwindigkeit zum Zeitpunkt $t = 18$ (Sekunden nach dem Start) näherungsweise auch so berechnen:
$v(18) \approx \frac{s(18,1) - s(17,9)}{0{,}2} \left[\frac{m}{s}\right] = \frac{655{,}22 - 640{,}82}{0{,}2} \left[\frac{m}{s}\right] = 72 \frac{m}{s}$

▶ Seite 51

27. a)

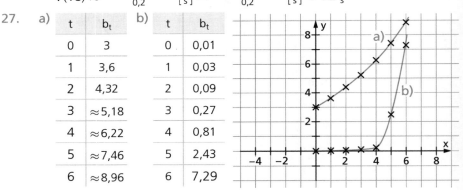

t	b_t
0	3
1	3,6
2	4,32
3	≈5,18
4	≈6,22
5	≈7,46
6	≈8,96

b)

t	b_t
0	0,01
1	0,03
2	0,09
3	0,27
4	0,81
5	2,43
6	7,29

28. Nenne 2000 $t = 0$ und entsprechend 2004 $t = 4$.
Die Gleichung für die Baulandpreise lautet: $P_t = 100{,}00 \cdot q^t$ [€].
Daraus folgt: $q^t = \frac{P_t}{100{,}00}$, eingesetzt: $q^4 = 1{,}4641$
$\Rightarrow q = \sqrt[4]{1{,}4641} = 1{,}10$.
a) Die jährliche Bauland-Preissteigerung betrug 10 %.
b) $P(8) = 100{,}00 \cdot 1{,}10^8 = 214{,}36€$ (pro Quadratmeter)

▶ Seite 52

29. a) Achtung! Es ist $n = 4$.
$G = 100\,000{,}00€ \cdot 1{,}08^4 = 136\,048{,}90€$
b) G(im 10. Jahr) $= 136\,048{,}90€ \cdot 1{,}05^5 = 173\,636{,}70€$

30. $q^6 = \frac{33\,968{,}65€}{32\,000€} \approx 1{,}06152 \Rightarrow q = \sqrt[6]{1{,}06152} = 1{,}010 \Rightarrow p = 1{,}0\%$
Die Gehaltssteigerung betrug 1,0 % pro Jahr.

122

31. $q^5 = \frac{42\,839\,900\ \text{Pkw}}{40\,404\,300\ \text{Pkw}} = 1,0602807 \Rightarrow q = 1,0117755\ (\rightarrow M)$ ▶ Seite 52
Jährliche Steigerungsrate rund 1,18 %.
Bestand 2010 = 40 404 300 Pkw · q^{15} = 48 160 400 Pkw

32.

Jahrzehnt	t	CO_2 – Konz. C
1750	0	280 ppm
1760	1	...
1770	2	...
...	...	...
1990	24	353 ppm
2000	25	
(2050)	(75)	(374 ppm)

Misst man t in Jahrzehnten ab 1750, dann gilt:
$C(24) = 280\ \text{ppm} \cdot q^{24} = 353\ \text{ppm}.$
$\Rightarrow q^{24} = 1,2607143 \Rightarrow q \approx 1,0097$
Der Anstieg der CO_2-Konzentration betrug seit Beginn der Industrialisierung rund 0,97 % pro Jahrzehnt.

33. a)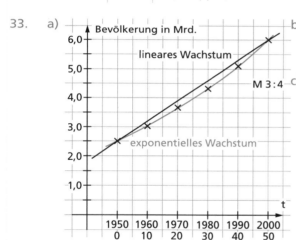

b) Die Exponentialkurve gibt die Bevölkerungsentwicklung besser wieder.

c) $P_0(0\,|\,2,519)$; $P_{50}(50\,|\,6,071)$
Lineares Wachstum
(Modell 1):
(1) $2,519 = a \cdot 0 + b$
$\Rightarrow b = 2,519$
(2) $6,071 = a \cdot 50 + 2,519$
Aus Gl. 2 folgt:
$a = 0,07104$
1. Modellgleichung:
$B(t) = 0,07104 \cdot t + 2,519$

Exponentielles Wachstum (Modell 2):
$B(50) = B(0) \cdot q^{50}$; eingesetzt: $6,071 = 2,519 \cdot q^{50} \Rightarrow q = 1,01775$
2. Modellgleichung: $B(t) = 2,519 \cdot 1,01775^t$
Schätzung der Erdbevölkerung für das Jahr 2020:
Nach Modell 1:
$B(70) = 0,07104 \cdot 70 + 2,519 = 7,4918$ (Mrd. Menschen)
Nach Modell 2:
$B(70) = 2,519 \cdot 1,01775^{70} = 8,6319$ (Mrd. Menschen)

▶ Seite 53 34. a)

x	y
0	5
1	4,5
2	4,05
3	≈ 3,65
4	≈ 3,28
5	≈ 2,95

b)

x	y
0	5
1	0,5
2	0,05
3	0,005
4	0,0005
5	0,00005

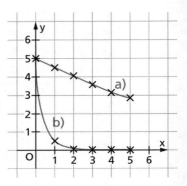

Je kleiner q ist, desto mehr fällt die Kurve anfangs, desto schneller nähert sie sich der x-Achse.

35. Es ist $b_{10} = b_0 \cdot q^{10}$. Eingesetzt: $9,04 = 10 \cdot q^{10} \Rightarrow q^{10} = 0,904$
$\Rightarrow q = 0,9899581$ (TR). Näherungsgleichung: $b_t = 10 \cdot 0,99^t$

▶ Seite 54 36.

t (in Tg.)	0	1	2	3	4	5	6	7	8	9	10
b_t	1000	880	774	681	600	528	464	400	360	316	279

Funktionsgleichung: $b_t = 1000 \cdot 0,88^t$ (t in Tagen, b_t in Stück)
$b_{20} = 1000 \cdot 0,88^{20} = 78$ (Stück)

37. Man setzt in $b_t = b_0 \cdot q^t$ ein und erhält zwei Gleichungen für b_0 und q:
(1) $4,5 = b_0 \cdot q^1$ (1a) $b_0 = \frac{4,5}{q}$ $\frac{4,5}{q} = \frac{3,375}{q^2}$ $| \cdot q^2$
(2) $3,375 = b_0 \cdot q^2$ (2a) $b_0 = \frac{3,375}{q^2}$
$\Rightarrow 4,5 \cdot q = 3,375 \Rightarrow q = 0,75$. In (1) eingesetzt : $b_0 = 6$ ·
Die gesuchte Funktionsgleichung heißt: $b_t = 6 \cdot 0,75^t$.
2. Lösungsweg: b_1 und b_2 sind aufeinander folgende Werte: $b_1 \cdot q = b_2$,
hier: $4,5 \cdot q = 3,375 \Rightarrow q = 0,75$. Durch Einsetzen erhält man $b_0 = 6$.

▶ Seite 55 38. Merke dir die Gleichung für den radioaktiven Zerfall: $N(t) = N_0 \cdot q^t$.
a) $N(30) = N_0 \cdot q^{30} = \frac{1}{2} N_0 \Rightarrow q^{30} = \frac{1}{2} \Rightarrow q = 0,977\,159\,968$ (→M)
Der Zerfallsfaktor für ^{137}C ist angenähert $q = 0,9772$.
b) Für April 2006 ist $t = 20$ (für April 2026 ist $t = 40$).
$N(20) = N_0 \cdot q^{20} \approx 0,62996$ ($N(40) = N_0 \cdot q^{40} \approx 0,39685$)
Im April 2006 ist noch 63,0 % des Caesiums vorhanden
(im April 2026 noch 39,7 %).
c) Aus $N_0 \cdot q^t = 0,10\,N_0$ folgt $0,97716^t \approx 0,10$.
Systematisches Probieren liefert: $t = 99,7$ Jahre. Die Intensität ist erst
nach rund 100 Jahren auf 10 % der Intensität direkt nach der Reaktorkatastrophe gefallen.

39. a) Aus der Halbwertzeit von 1600 Jahren folgt unmittelbar, ▶ Seite 55
     – dass es 3200 Jahre dauert, bis die Intensität noch $\frac{1}{4} N_0$
     – dass es 4800 Jahre dauert, bis die Intensität noch $\frac{1}{8} N_0$
     – dass es 6400 Jahre dauert, bis die Intensität noch $\frac{8}{16} N_0$ beträgt.

    b)
    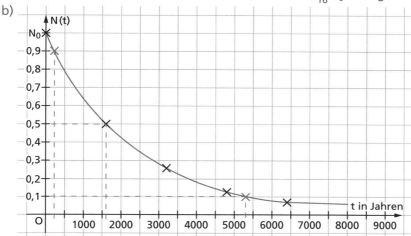

    abgelesen: $0,9 N_0$ nach ≈ 240 Jahren; $0,5 N_0$ nach ≈ 1600 Jahren;
    $0,1 N_0$ nach ≈ 5300 Jahren

40. a) $N(1600) = N_0 \cdot q^{1600} = 0,5 N_0 \Rightarrow q^{1600} = 0,5 \Rightarrow q = 0,999\,56\,688$
     Die Zerfallsgleichung für Radium 226 heißt: $N(t) = N_0 \cdot 0,999\,566\,88^t$
     (t in Jahren).

    b) Die Intensität beträgt nach 1000 Jahren noch $0,650 N_0$, nach 3000
     Jahren noch $0,274 N_0$ und nach 5000 Jahren noch $0,116 N_0$.

    c) Löse $0,999\,566\,886^t = 0,01$ durch systematisches Probieren.
     Antwort: $t = 10\,630$ Jahre

41. Man setzt für h 1000 m, 3000 m und 5000 m ein: ▶ Seite 56
    – $p(1000) = 1024\,hPa \cdot 0,5^{\frac{1000}{5000}} \approx 891,4\,hPa$
    – $p(3000) = 1024\,hPa \cdot 0,5^{\frac{3000}{5000}} \approx 675,6\,hPa$
    – $p(5000) = 1024\,hPa \cdot 0,5^{\frac{5000}{5000}} = 512\,hPa$

42. Man benutzt die barometrische Höhenformel aus Aufgabe 41 und setzt
    für p_0 den Wert 1013 hPa ein.
    Zugspitze: $p(2960) = 1013\,hPa \cdot 0,5^{\frac{2960}{5000}} \approx 672,0\,hPa$
    Mount Everest: $p(8870) = 1013\,hPa \cdot 0,5^{\frac{8870}{5000}} \approx 296,2\,hPa$

43. Höhendifferenz $= 1090$ m; $p(\text{Brocken}) = 1006,0\,hPa \cdot 0,5^{\frac{1090}{5000}} \approx 864,9\,hPa$
    Anke hat richtig gerechnet.

▶ Seite 57

44. Wegen $a = 3$ gilt: $y = 3x + b$. Man setzt die Koordinaten von $(0\,|\,4)$ ein: $4 = 3 \cdot 0 + b \Rightarrow b = 4$. Die gesuchte Gleichung heißt: $y = 3x + 4$.

45. a) Die Änderungsraten heißen nacheinander: 1, 3, 5 und 7.
    Sie nehmen Schritt für Schritt um 2 zu.
    Also quadratisches Wachstum. Gleichung: $y = x^2 - 10$.
    b) Die Änderungsraten sind konstant -3.
    Es liegt eine lineare Abnahme vor. Gleichung: $y = -3x + 8$.
    c) Es ist keine Gesetzmäßigkeit zu erkennen.
    d) Es gilt $y_1 = y_0 \cdot \frac{1}{4}$; $y_2 = y_1 \cdot \frac{1}{4}$; $y_3 = y_2 \cdot \frac{1}{4}$ usw.
    Also exponentielle Abnahme. Gleichung : $y = 16 \cdot \left(\frac{1}{4}\right)^x$.

46. a) Lineares Wachstum (wegen $a = 2{,}5$)
    b) Quadratisches Wachstum (wegen $0{,}4x^2$)
    c) Exponentielles Wachstum ($q = 2$)
    d) Exponentielle Abnahme $\left(q = \frac{1}{2}\right)$

47. Nach einer Stunde sind es fünf Informierte, nämlich Lisa und die vier von ihr Informierten.
    Es liegt exponentielles Wachstum mit $q = 5$ vor.
    Funktionsgleichung: $A(t) = 1 \cdot 5^t$
    $A(10) = 1 \cdot 5^{10} = 9\,765\,625$
    Theoretisch können nach 10 Stunden schon rund

t	A(t)
0	1
1	5
2	25
3	125

    10 Millionen Menschen das Gerücht kennen. Aber nur theoretisch, denn schon bald trifft der Erzähler auf eine Person, die das Gerücht schon kennt. Exponentielles Wachstum ist für die Verbreitung eines Gerüchts kein optimales mathematisches Modell.

48. Eine 20 mm dicke Bleischürze führt zu einer Strahlungsintensität von $I_0 \cdot 0{,}95^{20} \approx 0{,}3585\,I_0$.
    Es werden $(100 - 35{,}85)\,\%$ der Röntgenstrahlung abgeschirmt, also rund 64 %.

d	I(d)	
0	100 %	$= I_0$
1	95 %	$= I_0 \cdot 0{,}95$
2		$= I_0 \cdot 0{,}95^2$
…		…
d	I(d)	$= I_0 \cdot 0{,}95^d$

F Trigonometrie

1. a) $\sin\alpha = \frac{x}{z}$; $\cos\alpha = \frac{y}{z}$; $\tan\alpha = \frac{x}{y}$ b) $\sin\alpha = \frac{\overline{HF}}{\overline{SH}}$; $\cos\alpha = \frac{\overline{SF}}{\overline{HF}}$; $\tan\alpha = \frac{\overline{HF}}{\overline{SF}}$ ▶ Seite 58
    c) $\sin\alpha = \frac{u}{v}$; $\cos\alpha = \frac{w}{v}$; $\tan\alpha = \frac{u}{w}$

2. (1) Die Zahlenwerte 3, 4 und 5 sind sogenannte pythagoreische Zahlen,
        denn es gilt: $3^2 + 4^2 = 5^2$.
    (2) Nach dem Satz des Thales liegt bei C ein rechter Winkel.

    Tipp: Bei diesen Berechnungen brauchst du laufend deinen Taschen-
    rechner. Achte darauf, dass er auf den Modus „DEG" eingestellt ist.
    Mach dich mit den Tastenfolgen für das Eingeben von Funktionswerten
    und für das Bestimmen von Winkelgrößen aus Funktionswerten vertraut.
    Sieh bei Bedarf in der Gebrauchsanleitung nach. Frage notfalls deine
    Lehrerin oder deinen Lehrer. Auch Mitschüler können helfen.

3. a) Probefigur   Herleitungen   Rechnungen   ▶ Seite 60

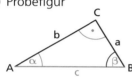

(1) $\alpha = 90° - \beta$ (1) $90° - 52,4° = 37,6°$
(2) $\cos\beta = \frac{a}{c}$ (2) $a = 6,3\,cm \cdot \cos 52,4°$
$\Rightarrow a = c \cdot \cos\beta$ $a \approx 3,8\,cm$
(3) $\sin\beta = \frac{b}{c}$ [TR: 3.84391] ($\rightarrow$M1)
$\Rightarrow b = c \cdot \sin\beta$ (3) $b = 6,3\,m \cdot \sin 52,4°$
        $b \approx 5,0\,cm$
        [TR: 4.99142] ($\rightarrow$M2)

Probe mit gerundeten Werten: Nach dem Satz des Pythagoras gilt:
$3,84^2 + 4,99^2 = 6,3^2 \Rightarrow 39,6457 \approx 6,3^2$: wahr
Probe mit gespeicherten Werten:
$[MR1]^2 + [MR2]^2 = 39,69 = 6,3^2$: wahr
Antwort: Die gesuchten Größen heißen $\alpha = 37,6°$, $a = 3,8\,cm$,
$b = 5,0\,cm$.

1. Hinweis: Damit du deine Rechnungen noch besser kontrollieren
kannst, werden bei ausgewählten Aufgaben die mithilfe des Taschenrechners ermittelten Zwischenergebnisse in der Regel auf 6 geltende
Ziffern in folgender Form angegeben: [TR: ...].
2. Hinweis: Oft ist es sinnvoll, Zwischenergebnisse in den Speicher des
Taschenrechners zu legen. Dafür verwenden wir das Symbol [M]. Für
den umgekehrten Vorgang verwenden wir das Symbol [MR] (= Memory
return). Manchmal ist es vorteilhaft, wenn man zwei Speicherplätze
belegen kann, wie eben bei der Probe zu Aufgabe 3 a).

▶ Seite 60

b)

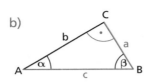

(1) $\sin\alpha = \frac{a}{c} \Rightarrow \alpha$ (1) $\sin\alpha = \frac{4,2\,cm}{7,4\,cm}$

(2) $\beta = 90° - \alpha$ [TR: 34.5808→M]

(3) $\cos\alpha = \frac{b}{c}$ (2) $\beta = 90° - [MR] \approx 55,4°$

$\Rightarrow b = c \cdot \cos\alpha$ (3) $b = 7,4\,cm \cdot \cos\alpha$

$(b = 7,4\,cm \cdot [MR])$

[TR: 6.09262]

Probe mit gerundeten Werten:

$4,2^2 + 6,09^2 = 7,4^2 \Rightarrow 54,7281 \approx 7,4^2$: wahr.

Antwort: Die gesuchten Größen heißen $\alpha = 34,6°$, $\beta = 55,4°$,

$b = 6,1\,cm$.

Hinweis zu 3b): Beim 3. Herleitungsschritt könnte man auch den Satz

des Pythagoras anwenden:

$b^2 = c^2 - a^2$, eingesetzt: $b^2 = 7,4^2\,cm^2 - 4,2^2\,cm^2$.

c) (1) $\cos\alpha = \frac{3,6\,cm}{6,1\,cm} \Rightarrow \alpha = 53,8°$ [TR: 53.83136 →M]

(2) $\beta = 90° - \alpha$

(3) $\sin\alpha = \frac{a}{6,1\,cm} \Rightarrow \alpha = 6,1\,cm \cdot \sin\alpha = 4,9\,cm$ [TR: 4.92443]

Probe mit gerundeten Werten:

$4,92^2 + 3,6^2 = 6,1^2 \Rightarrow 37,1664 \approx 6,1^2$: wahr

Antwort: Die gesuchten Größen heißen $\alpha = 53,8°$; $\beta = 36,2°$;

$a = 4,9\,cm$.

d) $\beta = 46,5°$; $b = 4,7\,cm$; $c = 6,5\,cm$

e) $\alpha = 38,4°$; $\beta = 51,6°$; $c = 7,4\,cm$

f) $\alpha = 38,2°$; $b = 5,7\,cm$; $c = 7,3\,cm$

4. a) Hypotenuse $= s$, Ankathete von $\alpha = x$, Gegenkathete von $\alpha = h$

b) $\sin\alpha = \frac{h}{s} \Rightarrow \alpha$; Rechnung: $\sin\alpha = \frac{6,0\,cm}{7,5\,cm} \Rightarrow \alpha = 53,1°$

[TR: 53.1301] [→M]

$\cos\alpha = \frac{x}{s} \Rightarrow x = s \cdot \cos\alpha$;

Rechnung: $x = 7,5\,cm \cdot \cos\alpha \Rightarrow x = 4,5\,cm$

c) $4,5^2 + 6,0^2 = 7,5^2$: wahr

5. a) $\cos\beta = \frac{\frac{c}{2}}{a} \Rightarrow \beta$; Rechnung: $\cos\beta = \frac{4,1\,cm}{5,8\,cm} \Rightarrow \beta = 45,0°$ [TR: 45.0170]

Antworten: $\beta = 45°$; $\alpha = 45°$; $\gamma = 90°$; $b = a = 5,8\,cm$

b) Antworten: $\beta = 60,8° (= \alpha)$; $\gamma = 58,4°$; $c = 7,7\,cm$

▶ Seite 61

6. a) (1) $b = c = d = a = 4,0\,cm$; $\gamma = \alpha = 60,0°$; $\beta = \delta = 120°$

(2) $\cos\left(\frac{\alpha}{2}\right) = \frac{\frac{c}{2}}{a} \Rightarrow e = 2a \cdot \cos\left(\frac{\alpha}{2}\right)$;

Rechnung: $e = 2 \cdot 4,0\,cm \cdot \cos 30° = 6,9\,cm$ [TR: 6.92820]

(3) $\sin\left(\frac{\alpha}{2}\right) = \frac{\frac{f}{2}}{a} \Rightarrow f = 2a \cdot \sin\left(\frac{\alpha}{2}\right)$;

Rechnung: $f = 2 \cdot 4,0\,cm \cdot \sin 30° = 4,0\,cm$

(4) $A_{Raute} = \frac{e \cdot f}{2}$; eingesetzt: $A = 13,86\,cm^2$

b) $\gamma = \alpha = 66{,}4°;\ \beta = \delta = 113{,}6°;\ a = b = c = d = 6{,}1\,cm;$
$A = 34{,}04\,cm^2$

▶ Seite 61

Zwischenergebnisse: [TR: $(a =) 6.09491;\ (f =) 6.67469$] [→M]

7. (1) Im Dreieck ABC gilt: $\tan\alpha_1 = \frac{b}{a} \Rightarrow \alpha_1$
     $\alpha_1 = 29{,}7°$ [TR: 29.7449 →M]
     $\varepsilon = 180° - 2\alpha_1 = 120{,}5°$
     (2) $\cos\alpha_1 = \frac{a}{e} \Rightarrow e = \frac{a}{\cos\alpha_1}$; $e = 9{,}7\,cm$.
     Die Diagonalen schneiden sich unter 1 20,5°
     (bzw. unter 59,5°) und sind 9,7 cm lang.

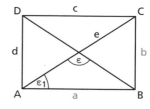

8. a) $\beta = \alpha = 72{,}6°;\ \gamma = \delta = 107{,}4°$
     Im Dreieck HBC berechnet man
     $\overline{HB} = x$: $\cos\beta = \frac{x}{b} \Rightarrow x = b\cdot\cos\beta$
     $x = 1{,}3\,cm$ [TR: 1.31578 (→M)]
     $c = a = 2x = 4{,}8\,cm$

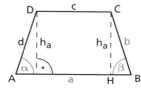

 b) (1) $\sin\beta = \frac{h_a}{b} \Rightarrow \beta = 62{,}2°$ [TR: 62.2042 (→M)]; $\alpha = \beta = 62{,}2°$;
     $\gamma = \delta = 117{,}8°$;
     (2) $\cos\beta = \frac{x}{b} \Rightarrow x = b\cdot\cos\beta$; $x = 2{,}4\,cm$ [TR: 2.42487 (→M)]
     $c = a - 2x$; $c = 3{,}4\,cm$

9. a) Im Dreieck H_2BC gilt:
     (1) $\sin\beta = \frac{h}{b} \Rightarrow h = b\cdot\sin\beta$
     [TR: 3.47733 → M]
     (2) $\cos\beta = \frac{\overline{H_2B}}{b}$
     $\Rightarrow \overline{H_2B} = b\cdot\cos\beta \approx 0{,}9\,cm$
     [TR: 0.93175, notieren oder ggf. in
     2. Speicher legen]

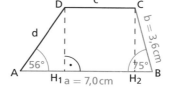

 Im Dreieck AH_1D gilt:
     (3) $\tan\alpha = \frac{h}{\overline{AH_1}} \Rightarrow \overline{AH_1} = \frac{h}{\tan\alpha}$ 2,3 cm
     [TR: 2.34549, notieren oder in einen weiteren Speicher legen]
     (4) $\sin\alpha = \frac{h}{d} \Rightarrow d = \frac{h}{\sin\alpha} \approx 4{,}2\,cm$ [TR: 4.19442]
     (5) $c = a = \overline{AH_1} = \overline{H_2B} = 3{,}7\,cm$ [TR: 3.72276]
     (6) $A_{Trapez} = \frac{a+c}{2}\cdot h = 18{,}64\,cm^2$
     (7) $u_{Trapez} = 18{,}5\,cm$

▶ Seite 61

10. a) Der Steigungswinkel sei α.

Im Steigungsdreieck (farbig unterlegt)

gilt: $\tan\alpha = \frac{2}{1} = m$.

b) Aus $\tan\alpha = 2$ folgt $\alpha = 63{,}4°$.

10 % Gefälle bedeutet, dass

$\tan\alpha = 0{,}10$ ist.

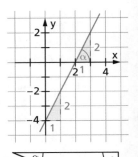

11. a) $\tan\alpha = 0{,}10 \Rightarrow \alpha = 5{,}7°$ [TR: 5.71059 → M]

b) $\sin\alpha = \frac{h}{s} \Rightarrow h = 400\,\text{m} \cdot \sin\alpha = 39{,}80\,\text{m}$

Die Straße fällt unter 5,7°.

Nach 400 m Fahrt sind sie 39,80 m tiefer.

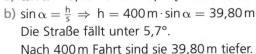

▶ Seite 62

12. a) Der Tangens des Steigungswinkels beträgt 50 % = 0,50. Der Winkel selbst ist rund 26,6° groß. Solche Hänge gibt es im Hochgebirge wirklich.

b) Eine Steigung von 100 % bedeutet, dass der Steigungswinkel 45° beträgt. Zur Steigung 150 % gehört ein Steigungswinkel von 56,3°.

13. a) Gute Messwerte liegen im Bereich von 5,15 cm bis 5,25 cm.

b) (1) $h = 6{,}0\,\text{cm} \cdot \sin 60° = 5{,}19615\,\text{cm}$ [TR]

(2) $h^2 = (6{,}0\,\text{cm})^2 - (3{,}0\,\text{cm})^2 = 27\,\text{cm}^2$

$\Rightarrow h = \sqrt{27\,\text{cm}^2} \approx 5{,}19615\,\text{cm}$ [TR]

Die Dreieckshöhe ist rund 5,2 cm lang.

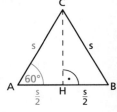

c) $h^2 = s^2 - \frac{s^2}{4} = \frac{3}{4}s^2 \Rightarrow h = \frac{s}{2}\sqrt{3} \Rightarrow A_{\text{(gleichs. Dreieck)}} = \frac{s \cdot \frac{s}{2}\sqrt{3}}{2} = \frac{s^2}{4}\sqrt{3}$

14. a) $\sin\left(\frac{\alpha}{2}\right) = \frac{\frac{s}{2}}{r} \Rightarrow s = 2r \cdot \sin\left(\frac{\alpha}{2}\right)$; Rechnung: $s = \overline{AB} = 7{,}6\,\text{cm} \cdot \sin 39{,}15°$

$s = \overline{AB} = 4{,}8\,\text{cm}$,

b) $h = 3{,}8\,\text{cm} \cdot \cos 39{,}15° = 2{,}95\,\text{cm}$

c) Die zentrische Streckung ist hier eine Vergrößerung im Maßstab 2 : 1. s und h sind im Streckbild genau doppelt so lang: $s' = 9{,}6\,\text{cm}$; $h' = 5{,}9\,\text{cm}$.

15. a) Konstruktion: Zeichne einen Kreis mit $r = 3{,}6\,\text{cm}$ um M. Trage auf dem Umfang sechsmal hintereinander $r = 3{,}6\,\text{cm}$ ab. Du erhältst die Eckpunkte des regelmäßigen Sechsecks.

b) Das regelmäßige Sechseck besteht aus 6 gleichseitigen Dreiecken. Also ist $A_{\text{Regelm.Sechseck}} = 6 \cdot \frac{s^2}{4}\sqrt{3} = \frac{3}{2}s^2 \cdot \sqrt{3}$, hier: $A = 33{,}67\,\text{cm}^2$.

16. a) Konstruktionsbeschreibung: Man zeichnet den Thaleskreis über $\overline{PM}$. ▶ Seite 62
Dieser schneidet den gegebenen Kreis um M in den Punkten T_1 und T_2. Die Geraden durch P und T_1 bzw. durch P und T_2 sind die gesuchten Tangenten, also zwei Lösungen. Die Tangentenabschnitte $\overline{PT_1}$ und $\overline{PT_2}$ sind gleich lang, weil sie Spiegelbilder voneinander sind.

b) 1. Lösungsweg: Nenne $\angle T_1 PM = \alpha$.
Beachte $\overline{PT_1} = \overline{PT_2} = t$ und $\overline{MT_1} = r$.
Im rechtwinkligen Dreieck PMT_1 (rechter Winkel bei T_1) gilt:
(1) $\sin\alpha = \frac{r}{\overline{PM}} \Rightarrow \alpha$; eingesetzt: $\sin\alpha = \frac{3{,}2\,cm}{9{,}6\,cm} = 0{,}333...$
$\Rightarrow \alpha \approx 19{,}5°$ [TR: 19.4712 →M]
(2) $\cos\alpha = \frac{t}{\overline{PM}} \Rightarrow t = \overline{PM}\cdot\cos\alpha$;
eingesetzt: $t = 9{,}6\,cm\cdot\cos\alpha = 9{,}05\,cm$
2. Lösungsweg: Den Satz des Pythagoras anwenden.
$t^2 = (\overline{PM})^2 - r^2 \Rightarrow t$;
eingesetzt: $t = \sqrt{92{,}16\,cm^2 - 10{,}24\,cm^2} \approx \sqrt{81{,}92\,cm^2} \approx 9{,}05\,cm$
Antwort: Der Tangentenabschnitt ist rund 9,1 cm lang.

17. Man zerlegt das abgebildete Ackerstück in zwei Teilflächen, z. B. in zwei Dreiecksflächen oder so, wie es hier abgebildet ist. Dabei müssen zusätzlich die Höhen h_1, h_2 und die Strecke $\overline{DP}$ (parallel zu $\overline{AB}$) ausgemessen werden.

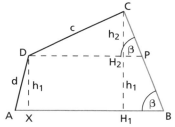

Herleitung:
$A_G = A_{(Trapez)} + A_{(Dreieck)} = \frac{\overline{AB} + \overline{DP}}{2}\cdot h_1 + \frac{\overline{DP}\cdot h_2}{2}$
$u_{(Ackerstück)} = a + b + c + d$.
a und b sind gegeben, c und d müssen in Nebenrechnungen bestimmt werden, z. B. in den rechtwinkligen Dreiecken DH_2C bzw. AXD.
Tipp: Versuche, die notwendigen Nebenrechnungen ohne Hilfe durchzuführen. Wenn du das alleine schaffst, bist du wirklich fit.
Nebenrechnungen:
(1) $\sin\beta = \frac{h_1 + h_2}{b} \Rightarrow \beta$
(2) $\tan\beta = \frac{h_2}{\overline{H_2P}} \Rightarrow \overline{H_2P} \Rightarrow \overline{DH_2}$
(3) $c = \sqrt{(\overline{DH_2})^2 + (h_2)^2}$
(4) Nach Strahlensatz gilt: $\frac{\overline{H_1B}}{\overline{H_2P}} = \frac{h_1 + h_2}{h_2}$. Daraus folgt: $\overline{H_1B} = \frac{h_1 + h_2}{h_2}\cdot\overline{H_2P}$
(5) $\overline{AX} = \overline{AB} - \overline{H_1B} - \overline{DH_2}$
(6) $d = \sqrt{(h_1)^2 + (\overline{AX})^2}$

▶ Seite 63

18.

α	0°	60°	90°	120°	180°	240°	270°	300°	360°
cos α	1	0,5	0	−0,5	−1	−0,5	0	0,5	1

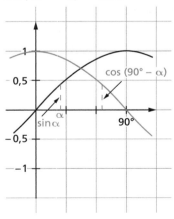

Kosinuskurve: grün; Sinuskurve: schwarz

19. Bestätigung der Formeln mit Zahlenwerten:

Sei $\alpha = 0°$, dann ist $\cos(90° − 0°) = \cos 90° = \sin 0° = 0$

Sei $\alpha = 30°$, dann ist $\cos(90° − 30°) = \cos 60° = \sin 30° = 0,5$

Sei $\alpha = 90°$, dann ist $\cos(90° − 90°) = \cos 0° = \sin 90° = 1$

...

Sei $\alpha = 0°$, dann ist $\cos(90° + 0°) = \cos 90° = \sin 0° = 0$

Sei $\alpha = 30°$, dann ist $\cos(90° + 30°) = \cos 120° = − \sin 30° = − 0,5$

...

Allgemein gültig ist die geometrische Bestätigung mithilfe der Symmetrie-eigenschaften der beiden Kurven:

$\cos(90° − \alpha) = \sin \alpha$ $\qquad\qquad$ $\cos(90° + \alpha) = − \sin \alpha$

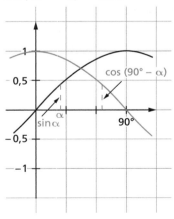
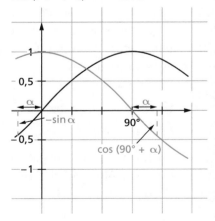

20. a)

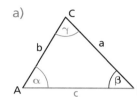

Herleitungen   Rechnungen   ▶ Seite 64

(1) $\beta = 180° - \alpha - \gamma$ $\beta = 180° - 67,2° - 57,8° = 55,0°$

(2) $a = \frac{c}{\sin\gamma} \cdot \sin\alpha$ $a = \frac{6,7\,cm}{\sin 57,8°} \cdot \sin 67,2° \approx 7,3\,cm$

(3) $b = \frac{c}{\sin\gamma} \cdot \sin\beta$ [TR: 7.29914] ggf. →M1

$b = \frac{6,7\,cm}{\sin 57,8°} \cdot \sin 55,0° \approx 6,5\,cm$

[TR: 6.48589] ggf. →M2

Probe mithilfe des Kosinussatzes in der Form $a^2 = b^2 + c^2 - 2\,bc \cdot \cos\alpha$.

Gerundete Werte liefern: $7,30^2 = 6,49^2 + 6,7^2 - 2 \cdot 6,49 \cdot 6,7 \cdot \cos 67,2°$

$\Rightarrow 53,29 \approx 53,31$: wahr

b)

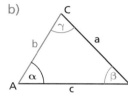

Herleitungen   Antworten

(1) $\alpha = 180° - \beta - \gamma$ $\alpha = 73,7°$

(2) $c = \frac{b}{\sin\beta} \cdot \sin\gamma$ $c = 7,6\,cm$

(3) $a = \frac{b}{\sin\beta} \cdot \sin\alpha$ $a = 8,1\,cm$

c)

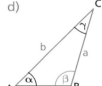

Herleitungen   Antworten

(1) $\sin\beta = \frac{\sin\alpha}{a} \cdot b \Rightarrow \beta$ $\beta = 44,7°$

(2) $\gamma = 180° - \alpha - \beta$ [TR: 4.6683 →M]

(3) $c = \frac{a}{\sin\alpha} \cdot \sin\gamma$ $\gamma = 180° - 68,4° - MR$

$\gamma = 66,9°$

[TR: 66.9317 →M]

$c = 4,1\,cm$ [TR: 4.05706]

Probe ggf. mithilfe des Sinussatzes: $\frac{b}{\sin\beta} = \frac{c}{\sin\gamma}$.

d)

Herleitungen   Rechnungen und Antworten

(1) $\sin\alpha = \frac{\sin\beta}{b} \cdot a \Rightarrow \alpha$ $\alpha = 32,0°$

(2) $\gamma = 180° - \alpha - \beta$ [TR: 31.9780 →M]

(3) $c = \frac{b}{\sin\beta} \cdot \sin\gamma$ $\gamma = 36,7°$

[TR: 36.7220 →M]

$c = 6,1\,cm$ [TR: 6.09684]

Probe ggf. mithilfe des Kosinussatzes.

21. Herleitungen   Rechnungen und Antworten

Die Winkel im Dreieck ABC werden hier α_1 und γ_1 genannt.

(1) $\sin\gamma_1 = \frac{\sin\beta}{e} \cdot a \Rightarrow \gamma_1$ $\gamma_1 = 36.3°$ [TR: 36.3115 → M]

(2) $\alpha_1 = 180° - \beta - \gamma_1$ $\alpha_1 = 22,5°$ [TR: 22.4885 → M]

(3) $b = \frac{e}{\sin\beta} \cdot \sin\alpha_1$ $b = 3,5\,cm$ [TR: 3.48797 → M]

(4) $\alpha_2 = \gamma_1$ und $\alpha = \alpha_1 + \alpha_2$ $\alpha = 58,8°$

(5) $f^2 = a^2 + b^2 - 2ab \cdot \cos\alpha \Rightarrow f$ $f = 4,7\,cm$

22. a) Probefigur auf Seite 65.   ▶ Seite 65

(1) $\sin\alpha = \frac{h_c}{b} \Rightarrow h_c = b \cdot \sin\alpha$ (2) $A_{(Dreieck)} = \frac{c \cdot h_c}{2} = \frac{c \cdot b \cdot \sin\alpha}{2}$

b) Entsprechend: $A_{(Dreieck)} = \frac{c \cdot a \cdot \sin\beta}{2}$

▶ Seite 65

23. a) (1) $b^2 = a^2 + c^2 - 2bc \cos\beta \Rightarrow b$

$b^2 = 21,16 + 28,09 - 17,39 \, (cm^2)$

$b = \sqrt{31,86 \, cm^2} = 5,6 \, cm$ [TR: 5.64406 →M]

(2) $\sin\alpha = \frac{\sin\beta}{b} \cdot a \Rightarrow \alpha \Rightarrow \alpha = 49,6°$

(3) $\gamma = 180° - \alpha - \beta \Rightarrow \gamma = 61,3°$

(4) $A = \frac{c \cdot a \cdot \sin\beta}{2} \Rightarrow A = 11,39 \, cm^2$

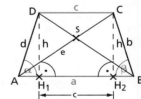

Probe ggf. mit $A = \frac{c \cdot b \cdot \sin\alpha}{2}$ oder mit $\frac{a}{\sin\alpha} = \frac{b}{\sin\beta}$.

b) $a^2 = b^2 + c^2 - 2bc \cdot \cos\alpha \Rightarrow 2bc \cdot \cos\alpha = b^2 + c^2 - a^2$

$\Rightarrow \cos\alpha = \frac{b^2 + c^2 - a^2}{2bc} \Rightarrow \alpha = 42,1°$ [TR: 42.0617]

$\beta = 55,0°; \ \gamma = 82,9°; \ A_{(Dreieck)} = 17,69 \, cm^2$

24. Probefigur auf Seite 65. Die Differenz der Strecken $\overline{AS}$ und $\overline{AT}$ ist gesucht.

(1) $\tan\beta = \frac{\overline{AS}}{s} \Rightarrow \overline{AS} = s \cdot \tan\beta$

(2) $\tan\alpha = \frac{\overline{AT}}{s} \Rightarrow \overline{AT} = s \cdot \tan\alpha$

(3) $\overline{ST} = s \cdot \tan\beta - s \cdot \tan\alpha = s \cdot (\tan\beta - \tan\alpha)$

In (3) eingesetzt: $\overline{ST} = 54,36 \, m \cdot (\tan 37,4° - \tan 32,4°) = 7,06 \, m$

Die Antenne ist 7,06 m lang.

25. Man bestimmt zunächst $h = \overline{HS}$.

(1) $\angle SBA = \beta = 180° - \delta$ $\qquad\qquad\qquad \beta = 129,33°$

(2) $\angle ASB = \gamma = 180° - \alpha - \beta$ $\qquad\qquad \gamma = 11,75°$

(3) $\frac{\overline{BS}}{\sin\alpha} = \frac{s}{\sin\gamma} \Rightarrow \overline{BS} = \frac{s}{\sin\gamma} \cdot \sin\alpha$ $\qquad (\overline{BS} = 771,25 \, m)$

(4) $\sin\delta = \frac{h}{\overline{BS}} \Rightarrow h = \overline{BS} \cdot \sin\delta = \frac{s \cdot \sin\alpha}{\sin\gamma} \cdot \sin\delta$ $\qquad h = 596,57 \, m$

Der Hausberg ist $596,57 \, m + 152,50 \, m = 749,07 \, m$ hoch (über NN).

26. In der Probefigur sieht man, dass man zunächst den Satz des Pythagoras anwenden sollte.

(1) $\left(\frac{a}{2}\right)^2 = s_a^2 - b^2 \Rightarrow \frac{a}{2} \Rightarrow a$

Eingesetzt: $a = 4,0 \, cm$ [TR: 3.97995 →M]

(2) $\tan\alpha = \frac{a}{b} \Rightarrow \alpha = 53,0°$ [TR: 52.9918 →M]

(3) $\cos\alpha = \frac{b}{c} \Rightarrow c = \frac{b}{\cos\alpha} \Rightarrow c = 5,0 \, cm$ [TR: 4.98397]

Probe: Die Länge von c mithilfe des Satzes von Pythagoras berechnen.

▶ Seite 66

27. Konstruktion: Beginne mit der Seite $\overline{AB} = a$. Trage an a in den Punkten A und B jeweils einen Winkel der Größe α an. Zeichne zwei zu a senkrechte Geraden durch die Punkte H_1 und H_2 (siehe Probefigur). Diese schneiden die freien Schenkel der angetragenen Winkel in C bzw. in D. ABCD ist das gesuchte Trapez.

a) (1) $\tan\alpha = \dfrac{h}{\frac{a-c}{2}} \Rightarrow h = \dfrac{a-c}{2}\cdot\tan\alpha$ ▶ Seite 66

$h = 1,0\,\text{cm}\cdot\tan 73,0° = 3,27\,\text{cm}$ [TR: 3.27085 → M]

(2) $e = f = \sqrt{h^2 + \left(\dfrac{a+c}{2}\right)^2}$; $e = f = 6,3\,\text{cm}$ [TR: 6.31336]

b) (1) Nach dem 1. Strahlensatz gilt:

$\dfrac{\overline{SX}}{\overline{CH_2}} = \dfrac{\frac{a}{2}}{\frac{a+c}{2}} \Rightarrow \overline{SX}$ (= Abstand des Punktes S von der Seite a).

Eingesetzt: $\overline{SX} = \dfrac{3,2\,\text{cm}}{5,4\,\text{cm}}\cdot 3,27\,\text{cm} = 1,94\,\text{cm}$

(2) $\overline{SZ} = h - \overline{SX}$. Eingesetzt: $\overline{SZ} = 3,27\,\text{cm} - 1,94\,\text{cm} = 1,33\,\text{cm}$

Der Schnittpunkt der Diagonalen ist von der Seite a 1,94 cm, von der Seite c 1,33 cm entfernt.

28. a)

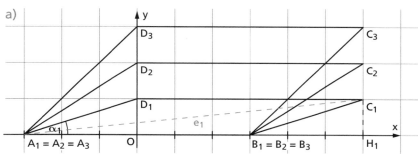

b) (1) $\tan\alpha_1 = \dfrac{\overline{OD_1}}{\overline{A_1O}}$;

eingesetzt: $\tan\alpha_1 = \dfrac{1\,\text{cm}}{3\,\text{cm}} = 0,33333\ldots \Rightarrow \alpha_1 = 18,4°$

Entsprechend berechnet man α_2 und α_3.

(2) Nach dem Satz des Pythagoras gilt im Dreieck $A_1H_1C_1$:

$\overline{AC_1} = \sqrt{\left(\overline{A_1H_1}\right)^2 + \left(\overline{C_1H_1}\right)^2}$.

Entsprechend berechnet man die Längen der Diagonalen in den beiden anderen Parallelogrammen.

Ergebnisse:

Parallelogramm	Größe von α	Länge von $\overline{AC} = e$
$A_1B_1C_1D_1$	18,4°	9,06 cm
$A_2B_2C_2D_2$	33,7°	9,22 cm
$A_3B_3C_3D_3$	45,0°	9,49 cm

▶ Seite 66

29. a) Probefigur

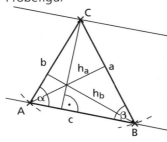

Konstruktion: Man zeichnet einen Streifen mit der Breite h_c.
Auf dem oberen Rand markiert man einen Punkt C. Um C zeichnet man einen Kreis mit dem Radius a und einen zweiten Kreis mit dem Radius b.
Der erste Kreis schneidet den unteren Streifenrand im Punkt B, der zweite im Punkt A. ABC ist das gesuchte Dreieck.

(1) $\sin\beta = \frac{h_c}{a} \Rightarrow \beta$; (2) $\sin\alpha = \frac{h_c}{b} \Rightarrow \alpha$;

(3) $\gamma = 180° - \alpha - \beta$ (4) $\frac{c}{\sin\gamma} = \frac{b}{\sin\beta} \Rightarrow c = \frac{b}{\sin\beta} \cdot \sin\gamma$

Ergebnisse: $\beta = 51,5°$; $c = 4,6\,\text{cm}$ [TR: 4.60712]

b) (1) $\sin\beta = \frac{h_a}{c} \Rightarrow h_a = c \cdot \sin\beta$ $h_a = 3,6\,\text{cm}$

(2) $\sin\alpha = \frac{h_b}{c} \Rightarrow h_b = c \cdot \sin\alpha$ $h_b = 4,1\,\text{cm}$

c) Neue Probefigur

(1) $\overline{XB} = a \cdot \cos\beta$ [TR: 2.86356 →M1]
(2) $\beta_1 = 90° - \alpha$ [TR: 25.8419 →M2]
(3) $\overline{HX} = \overline{XB} \cdot \tan\beta_1$ [TR: 1.38689]
Der Abstand des Punktes H von der Seite c beträgt rund 1,4 cm.

30. a) $\angle BNA = \gamma = 180° - \alpha - \beta$; $\overline{AN} = 105,94\,\text{m}$

$\overline{AN} = \frac{\overline{AB}}{\sin\gamma} \cdot \sin\beta$ [TR: 105.936 → M]

b) Breite des Flusses = Höhe auf $\overline{AB}$ = h

Breite = $\overline{AN} \cdot \sin\alpha$ Breite = 73,99 m

31. a) Probefigur auf Seite 66.

(1) $A_{\text{Dreieck}} = \frac{\overline{EC} \cdot h}{2}$

$h = 300,30\,\text{m} \cdot \sin 35,6° = 174,81\,\text{m}$ [TR: 174.812 → M]

$A_{\text{Dreieck}} = 33\,318,79\,\text{m}^2$

(2) Preis des dreieckigen Teilstücks = $A \cdot 1,50\,\frac{\text{EUR}}{\text{m}^2} = 49\,978,19\,\text{EUR}$

b) Nenne $\overline{CD} = x$.

$x^2 = 381,20^2 + 300,30^2 - 2 \cdot 381,20 \cdot 300,30 \cdot \cos 35,6°$

$\Rightarrow x = 222,12\,\text{m}$

$u = 381,20\,\text{m} + 2 \cdot 151,60\,\text{m} + 300,30\,\text{m} + 222,12\,\text{m} = 1206,82\,\text{m}$

c) $A_{\text{Wiese}} = A_{\text{Rechteck}} + A_{\text{Dreieck}} = 91\,108,71\,\text{m}^2 = 9,1109\,\text{ha}$

Verbandsabgaben = $9,1109\,\text{ha} \cdot 11,00\,\frac{€}{\text{ha}} = 100,22\,€$

G Figuren und Körper

1. ▶ Seite 67

    a) $x^2 + 5{,}3^2 = 6{,}1^2$
       $x = \sqrt{9{,}12}$ cm
       $x \approx 3{,}0$ cm

    b) $x^2 + 3{,}9^2 = 5{,}1^2$
       $x = \sqrt{10{,}80}$ cm
       $x \approx 3{,}3$ cm

    c) $x = \sqrt{28{,}44}$ cm
       $x \approx 5{,}3$ cm
       $y \approx 5{,}6$ cm

2. Zusammengesetzte Figuren lassen sich meist auf verschiedene Weise in berechenbare Teilfiguren zerlegen; wir stellen jeweils eine Möglichkeit vor.

    a) Zerlege die Figur in ein Trapez und ein rechtwinkliges Dreieck:

    $$A_{gesamt} = A_{Trapez} + A_{Dreieck}$$
    $$= \frac{20\,cm + 10\,cm}{2} \cdot 15\,cm + \frac{10\,cm \cdot 6\,cm}{2} = 255\,cm^2$$

    b) Zerlege die Figur in ein Parallelogramm und zwei identische Rechtecke.

    $$A_{gesamt} = A_{Parallelogramm} + A_{Rechteck} \cdot 2$$
    $$= 4{,}3\,cm \cdot 3{,}2\,cm + 3{,}8\,cm \cdot 3{,}2\,cm \cdot 2$$
    $$\Rightarrow A_{gesamt} = 38{,}08\,cm^2$$

    c) Grundgedanke: Subtrahiere das weiße Viereck vom Rechteck; zerlege dabei das weiße Viereck in zwei Dreiecke mit derselben Grundseite (16 cm).

    $$A_{gesamt} = A_{Rechteck} - A_{Dreieck1} - A_{Dreieck2}$$
    $$= 16\,cm \cdot 8\,cm - \frac{16\,cm \cdot 3\,cm}{2} - \frac{16\,cm \cdot 5\,cm}{2}$$
    $$\Rightarrow A_{gesamt} = 64\,cm^2$$

3.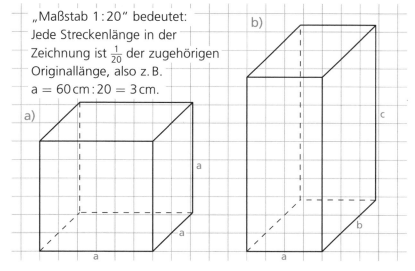

    „Maßstab 1:20" bedeutet: Jede Streckenlänge in der Zeichnung ist $\frac{1}{20}$ der zugehörigen Originallänge, also z. B. $a = 60\,cm : 20 = 3\,cm$.

4. ▶ Seite 68

    a) $d = 2{,}1\,mm \Rightarrow u = 6{,}60\,mm$; $A = 3{,}46\,mm^2$
    b) $d = 2{,}5\,mm \Rightarrow u = 7{,}85\,mm$; $A = 4{,}91\,mm^2$

► Seite 68

5.

	r	d	u	A
a)	13,612 km	27,224 km	(85,526 km)	582,085 km²
b)	16,5 cm	33,0 cm	103,7 cm	(855,30 cm²)

► Seite 69

6. a)

r	u	A
1,5 cm	9,42 cm	7,07 cm²
3,0 cm	18,85 cm	28,27 cm²
6,0 cm	37,70 cm	113,10 cm²
12,0 cm	75,40 cm	452,40 cm²

$)\cdot 2$ (zwischen r-Zeilen), $)\cdot 2$ (zwischen u-Zeilen), $)\cdot 4$ (zwischen A-Zeilen)

b) Verdoppelt man den Radius, so verdoppelt sich der Umfang.
Verdoppelt man den Radius, so vervierfacht (2^2) sich der Flächeninhalt.

7. a) $u = \pi \cdot d = \pi \cdot 1{,}25\,m = [3{,}926... \rightarrow M]\,m$
Platz pro Familienmitglied: $u : 5 = [MR] : 5 = 0{,}785...\,m \approx 0{,}79\,m$
Jeder hat etwa 79 cm Platz am Tisch.
b) $A_{Tisch} = \pi \cdot r^2 = \pi \cdot (0{,}625\,m)^2 = [1{,}227... \rightarrow M1]\,m^2 \approx 1{,}23\,m^2$
$A_{Tischdecke} = A_{Tisch} \cdot 1{,}10 = [MR1]\,m^2 \cdot 1{,}10 = [1{,}349... \rightarrow M2]\,m^2$
$d_{Tischdecke} = \sqrt{\frac{[MR2]m^2}{\pi}} \cdot 2 = 1{,}311...\,m$
Die Tischdecke hat einen Durchmesser von 1,31 m.

8. a) $u_{Rad} = \pi \cdot d = 2 \cdot \pi \cdot 32{,}5\,cm = 204{,}203...\,cm \approx [2{,}042... \rightarrow M]\,m$
Anzahl Umdrehungen = Schulweg : $u_{Rad} = 7000\,m : [MR] = 3427{,}952...$
Katharinas Rad dreht sich ca. 3428 mal.
b) $u_{Rad} = 7000\,m : 4000 = 1{,}75\,m \Rightarrow r = 0{,}278...\,m \approx 0{,}28\,m$
Das Rad der Schwester hat einen Radius von ca. 28 cm.

9. a) $A_{Kreisring} = \pi \cdot (6\,cm)^2 - \pi \cdot (2\,cm)^2 = \pi \cdot (6^2 - 2^2)\,cm^2 \approx 100{,}53\,cm^2$
b) $A_{Kreisring} = \pi \cdot (5{,}5^2 - 4{,}75^2)\,cm^2 \approx 24{,}15\,cm^2$

10. a) $r_{Blumenbeet} = 1{,}75\,m \Rightarrow A_{Blumenbeet} = \pi \cdot (1{,}75\,m)^2 \approx 9{,}62\,m^2$
Das Beet ist 9,62 m² groß, also sind 29 Rosen nötig.
b) $r_a = 1{,}75\,m + 1{,}50\,m = 3{,}25\,m;\ r_i = 1{,}75\,m$
$\Rightarrow A_{Rasen} = \pi \cdot (3{,}25\,m)^2 - \pi \cdot (1{,}75\,m)^2 \approx 23{,}56\,m^2$
Es werden rund 2,5 kg (2,356 kg) Rasensamen benötigt.

11. a) Gesucht ist die Fläche eines Viertels eines Kreisrings mit $r_a = 6\,cm$
und $r_i = 3\,cm$. $A = [\pi \cdot (6\,cm)^2 - \pi \cdot (3\,cm)^2] \cdot \frac{1}{4} = 21{,}21\,cm^2$
b) Gesucht ist die Fläche eines Quadrats mit $a = 16\,cm$, vermindert um
einen halben Kreisring mit $r_a = 8\,cm$ und $r_i = 4\,cm$.
$A = (16\,cm)^2 - [\pi \cdot (8\,cm)^2 - \pi \cdot (4\,cm)^2] \cdot \frac{1}{2} = 180{,}60\,cm^2$

▶ Seite 69

c) Gesucht ist die Fläche eines Quadrats mit der Kantenlänge $2\,a$, vermindert um ein Viertel eines Kreisrings mit $r_a = 2\,a$ und $r_i = 1,5\,a$.
$A = (2\,a)^2 - [\pi \cdot (2\,a)^2 - \pi \cdot (1,5\,a)^2] \cdot \frac{1}{4} = 4\,a^2 - (4\,a^2 - 2,25\,a^2) \cdot \frac{\pi}{4}$
$\Rightarrow A = 2,6556\,a^2$

▶ Seite 70

12. $x^2 = 2,5^2 + 2,5^2$
$\Rightarrow x = 3,5355... \; [\rightarrow M]\,cm = r_a$
$r_i = 2,5\,cm$.
$A_{Kreisring} = \pi \cdot ([MR]\,cm) \; \pi \cdot (2,5\,cm)^2$
$\Rightarrow A_{Kreisring} = 19,6349...\,cm^2 = 19,63\,cm^2$

Grafik 50% verkleinert

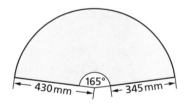
M ✕ 2,5 cm
x
5 cm

13. a) Die Figur entsteht aus einem Quadrat ($a = 5\,cm$), von dem vier gleich große Viertelkreise ($r = 2,5\,cm$) subtrahiert werden.
$A = (5\,cm)^2 - \pi \cdot (2,5\,cm)^2 = 5,3650...\,cm^2 \approx 5,37\,cm^2$
$u = \pi \cdot 5 = 15,7079...\,cm \approx 15,71\,cm$

b) Die Figur entsteht aus einem Viertelkreis ($r = 14\,cm$), von dem ein Halbkreis ($r = 7\,cm$) subtrahiert wird.
$A = \pi \cdot (14\,cm)^2 \cdot \frac{1}{4} - \pi \cdot (7\,cm)^2 \cdot \frac{1}{2} = 76,9690...\,cm^2 \approx 77,97\,cm^2$
$u = \pi \cdot 28\,cm \cdot \frac{1}{4} + \pi \cdot 14\,cm \cdot \frac{1}{2} + 14\,cm = 57,9822...\,cm \approx 57,98\,cm$

c) Die Figur entsteht aus vier Kreissektoren ($r = 10\,cm$; $\alpha = 40°$).
$A = \pi \cdot (10\,cm)^2 \cdot \frac{40}{360} \cdot 4 = 139,6263...\,cm^2 \approx 139,63\,cm^2$
$u = \pi \cdot 20\,cm \cdot \frac{40}{360} \cdot 4 + 10\,cm \cdot 8 = 107,9252...\,cm \approx 107,93\,cm$

14. Es ist $\frac{165}{360}$ eines Kreisringes
($r_a = 43\,cm$; $r_i = 8,5\,cm$) zu berechnen.
$A = [\pi \cdot (43\,cm)^2 - \pi \cdot (8,5\,cm)^2] \cdot \frac{165}{360}$
$\Rightarrow A = 2558,3363...\,cm^2 \approx 2558,34\,cm^2$

430 mm · 165° · 345 mm

15.
12
1
15
60°
2
3

$s = b_{60} = 2 \cdot 15\,mm \cdot \pi \cdot \frac{60}{360} = \pi \cdot 5\,mm$
$\Rightarrow s = 15,7\,mm$
$A_{60} = (15\,mm)^2 \cdot \pi \cdot \frac{60}{360}$
$\Rightarrow A_{60} = 117,8097...\,mm^2 \approx 117,81\,mm^2$

16. a) 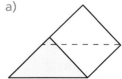 b)  c)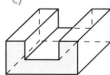

▶ Seite 72

▶ Seite 72

a) Grundfläche ist ein rechtwinkliges Dreieck; fehlende Grundkante x.

$x = \sqrt{(42\,mm)^2 - (31\,mm)^2} = [28{,}3372\ldots \to M]\,mm$

$O = (42\,mm + 31\,mm + [MR]\,mm) \cdot 50\,mm + \frac{31\,mm \cdot [MR]\,mm}{2} \cdot 2$

$\Rightarrow O = 5945{,}3176\ldots mm^2 = 5945{,}32\,mm^2$

$V = \frac{31\,mm \cdot [MR]\,mm}{2} \cdot 50\,mm = 21961{,}3723\ldots mm^3 = 21961{,}37\,mm^3$

b) Die Grundfläche ist eine Raute mit fehlender Kantenlänge a.

$a = \sqrt{(38\,mm)^2 + (12{,}5\,mm)^2} = [40{,}003\ldots \to M]\,mm$

$O = 4 \cdot a \cdot h_k + 2 \cdot G = 4 \cdot [MR]\,mm \cdot 50\,mm + 2 \cdot \frac{76\,mm \cdot 12{,}5\,mm}{2}$

$\Rightarrow O = 8950{,}6249\ldots mm^2 = 8950{,}62\,mm^2$

$V = \frac{76\,mm \cdot 25\,mm}{2} \cdot 50\,mm = 47\,500{,}0\,mm^3$

c) $G = 38\,mm \cdot 18\,m - 10\,mm \cdot 18\,mm = 504\,mm^2$

$O = 2 \cdot 504\,mm^2 + (38\,mm + 3 \cdot 18\,mm + 4 \cdot 10\,mm) \cdot 50\,mm$

$\qquad = 7608\,mm^2$

$V = 504\,mm^2 \cdot 50\,mm = 25\,200\,mm^3.$

17.

	G	h_k	V	M	O
a)	$136\,cm^2$	$12{,}5\,cm$	$1700\,cm^3$	$625\,cm^2$	$897\,cm^2$
b)	$40\,cm$	$6{,}5\,cm$	$260\,cm^3$	$166\,cm^2$	$246\,cm^2$

Zu a) : Berechne zunächst h_k mithilfe von V und G.

Zu b) : Berechne zunächst G mithilfe von V und h_k.

18. Form A: $h_a = 64{,}9519\ldots mm$; $G = [2435{,}6964\ldots mm^2 \to M1]$

$O = 2G + M = 2\,[MR]\,mm^2 + 3 \cdot 75\,mm \cdot 150\,mm$

$\qquad = [38\,621{,}39\,mm^2 \to M2]$

Pappe pro Schachtel: $[MR2] \cdot 1{,}05 = 40\,552{,}46\,mm^2$

$\qquad\qquad\qquad\qquad = [0{,}0405\ldots m^2 \to M3]$

Pappe für Monatsproduktion: $[MR3] \cdot 750\,000 = 30\,414{,}35\,m^2$

Form B: Das regelmäßige Sechseck besteht aus 6 gleichseitigen

Dreiecken mit $h_a = 38{,}9711\ldots mm$; $G = [5261{,}1043\ldots mm^2 \to M1]$

$O = 2G + M = 2 \cdot [MR1]\,mm^2 + 6 \cdot 45\,mm \cdot 150\,mm$

$\qquad\qquad = [51\,022{,}21\,mm^2 \to M2]$

Pappe pro Schachtel: $[MR2] \cdot 1{,}05 = 53\,573{,}32\,mm^2$

$\qquad\qquad\qquad\qquad = [0{,}0535\ldots m^2 \to M3]$

Pappe für Monatsproduktion: $[MR3] \cdot 1\,200\,000 = 64\,287{,}98\,m^2$

19.

S	M	L	XL
$3{,}724\,dm^3$	$10{,}500\,dm^3$	$15\,dm^3$	$30\,dm^3$
	$+\,182\,\%$	$+\,43\,\%$	$+\,100\,\%$

Vermehrter Grundwert : Grundwert $= 10{,}5 : 3{,}724 = 2{,}8195\ldots \approx 282\,\%$

Also ist Paketgröße M um 182 % größer als Paketgröße S.

20. a) $G = (4\,cm \cdot 32\,cm \cdot 2 + 8\,cm \cdot 27\,cm) = 472\,cm^2$ ▶ Seite 72
     $M = (2 \cdot 32\,cm + 4 \cdot 4\,cm + 2 \cdot 27\,cm + 4 \cdot 12\,cm) \cdot 350\,cm$
     $\quad = 63\,700\,cm^2$
     $O = 2G + M = 64\,644\,cm^2 \approx 6,5\,m^2$
     b) $m = V \cdot \rho = (4\,cm \cdot 32\,cm \cdot 2 + 8\,cm \cdot 27\,cm) \cdot 350\,cm \cdot 7,9\,\frac{g}{cm^3}$
     $\Rightarrow m = 1\,305\,080\,g \approx 1,305\,t$

21. $h_k = \frac{V}{\pi \cdot r^2} = \frac{1308,5\,cm}{\pi \cdot (7\,cm)^2} = [8,5001... \rightarrow M1]\,cm \approx 8,5\,cm$ ▶ Seite 73
     $M = u \cdot h_k = \pi \cdot d \cdot h_k = \pi \cdot 14\,cm \cdot [MR1] = [373,8571... \rightarrow M2]\,cm^2$
     $O = 2G + M = 2 \cdot \pi \cdot (7\,cm)^2 + [MR2] = 681,7332...\,cm^2 \approx 681,73\,cm^2$

22. a) (1) Gegeben: $r_a = 1,1\,cm$; $r_i = 1,0\,cm$; $h_k = 750\,cm$
     (2) $V_{gesamt} = V_{außen} - V_{innen} = [494,8008... \rightarrow M]\,cm^3$
     (3) $m = V \cdot \rho \cdot = [MR]\,cm^2 \cdot 8,8\,\frac{g}{cm} = 4354,2474...\,g \approx 4,354\,kg$

     b) $V_{innen} = (1\,cm)^2 \cdot \pi \cdot 750\,\,m = 2356,1944...\,cm^3 \approx 2,356\,dm^3 \approx 2,4\,\ell$
     In der 7,50 m langen Leitung befinden sich rund 2,4 Liter Wasser.

23. (1) Gegeben: $r_i = 0,52\,m$; $h_k = 20\,m$
     $V_g = 43,875\,t : 7,8\,\frac{t}{m^3} = 5,625\,m^3$
     (2) $V_g = \pi \cdot r_a^2 \cdot h_k - \pi \cdot r_i^2 \cdot h_k = \pi \cdot h_k\,(r_a^2 - r_i^2)$
     $\Leftrightarrow 5,625\,m^3 = \pi \cdot r_a^2 \cdot 20\,m - \pi \cdot (0,52\,m)^2 \cdot 20\,m$
     $\Rightarrow r_a = \sqrt{\frac{5,626 + \pi \cdot 0,52^2 \cdot 20}{\pi \cdot 20}} = 0,5999...\,m \approx 0,60\,m$
     (3) Wandstärke w: $w = r_a - r_i = 0,60 - 0,52\,m = 0,08\,m$
     Das Stahlrohr hat eine Wandstärke von 8 cm.

24.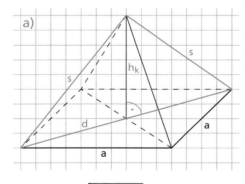
     a)

     b) $d = a\sqrt{2} = 5\sqrt{2}$ ▶ Seite 75
     $d = [7,071... \rightarrow M]\,cm$
     $s = \sqrt{h_k^2 + \left(\frac{d}{2}\right)^2}$
     $s = \sqrt{(4\,cm)^2 + [MR]^2}$
     $s = 5,34\,cm$

25. a) (1) $h_a = \sqrt{h_k^2 + \left(\frac{a}{2}\right)^2} = \sqrt{(10\,cm)^2 + (3\,cm)^2} = [10,4403... \rightarrow M]\,cm$
     (2) $M = 4 \cdot \frac{a \cdot h_a}{2} = 2 \cdot a \cdot h_a = 2 \cdot 6\,cm \cdot [MR]\,cm = 125,28\,cm$
     (3) $V = \frac{1}{3} \cdot a^2 \cdot h_k = \frac{1}{3} \cdot (6\,cm)^2 \cdot 10\,cm = 120\,cm^3$

▶ Seite 75

b) (1) h_a aus s und a berechnen mit $h_a^2 = s^2 - \left(\frac{a}{2}\right)^2$

$\Rightarrow h_a = [8{,}6458... \rightarrow M1]\,cm$

(2) h_k aus s und d berechnen mit $h_k^2 = s^2 - \left(\frac{d}{2}\right)^2$; $\left(d = 5 \cdot \sqrt{2}\right)$

$\Rightarrow h_k = 8{,}2764...[\rightarrow M2]\,cm$

(3) $M = 4 \cdot \frac{a \cdot h_a}{2} = 2 \cdot a \cdot h_a = 2 \cdot 5\,cm \cdot [MR1]\,cm \approx 86{,}46\,cm^2$

(4) $V = \frac{1}{3} \cdot a^2 \cdot h_k = \frac{1}{3} \cdot (5\,cm)^2 \cdot [MR2]\,cm = 68{,}97\,cm^3$

26. a) $b = \frac{3 \cdot V}{a \cdot h_k}$ b) $V = \frac{1}{3} \cdot 2a \cdot 2b \cdot h_k$ c) $V = \frac{1}{3} \cdot a \cdot b \cdot 2 \cdot h_k$

$h_k = \frac{3 \cdot V}{a \cdot b}$ $V = 4\left(\frac{1}{3} \cdot a \cdot b \cdot h_k\right)$ $V = 2\left(\frac{1}{3} \cdot a \cdot b \cdot h_k\right)$

                Vervierfachung von V   Verdopplung von V

27. (1) $h_a = \sqrt{h_k^2 + \left(\frac{b}{2}\right)^2}$

$\Rightarrow h_a = \sqrt{(5\,cm)^2 + (2\,cm)^2}$

$= [5{,}3851... \rightarrow M1]\,cm$

(2) $h_b = \sqrt{h_k^2 + \left(\frac{a}{2}\right)^2}$

$\Rightarrow h_b = \sqrt{(5\,cm)^2 + (3\,cm)^2}$

$= [5{,}8309... \rightarrow M2]\,cm$

(3) $O = a \cdot b + 2\left(\frac{a \cdot h_a}{2}\right) + 2\left(\frac{b \cdot h_b}{2}\right)$

$\Rightarrow O \approx 79{,}63\,cm^2$

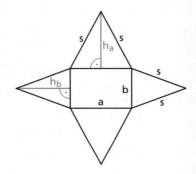

28. (1) Aus V kann die Körperhöhe berechnet werden.

$\frac{1}{3} \cdot (8\,cm)^2 \cdot h_k = 192\,cm^3 \Rightarrow h_k = 9\,cm$

(2) Mit h_k kann dann h_a berechnet werden:

$h_a = \sqrt{h_k^2 + \left(\frac{a}{2}\right)^2} \Rightarrow h_a = 9{,}8488...[\rightarrow M1]\,cm$

(3) $O = a^2 + 4\left(\frac{a \cdot h_a}{2}\right) \Rightarrow O \approx 221{,}58\,cm^2$

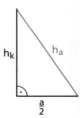

29. P_1: (1) $\cos 30° = \frac{5\,cm}{h_a} \Rightarrow h_a = \frac{5\,cm}{\cos 30°} = [5{,}7735... \rightarrow M]\,cm$

(2) $M = 4 \cdot \frac{a \cdot h_a}{2} \approx 115{,}47\,cm^2$

P_2: (1) $d = a\sqrt{2} = [14{,}1421... \rightarrow M1]\,cm$

(2) $s = \frac{\frac{d}{2}}{\cos 30°} = [8{,}1649... \rightarrow M2]\,cm$

(3) $h_a = \sqrt{s^2 - \left(\frac{a}{2}\right)^2} \Rightarrow h_a = [6{,}4549... \rightarrow M3]\,cm$

(4) $M = 4 \cdot \frac{a \cdot h_a}{2} \approx 129{,}10\,cm^2$

30. a)

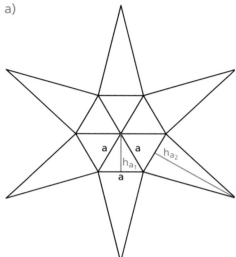

(1) h_{a_1} der Grundfläche: ▶ Seite 75
$$h_{a_1} = \frac{a}{2}\sqrt{2}$$
$$h_{a_1} = [2{,}5980...\rightarrow M]\,cm$$
(2) h_{a_2} der Seitenfläche:
$$h_{a_2} = \sqrt{h_k^2 + h_{a_1}^2}$$
$$h_{a_2} = [6{,}5383...\rightarrow M]\,cm$$
b) $O = 6\left(\frac{a \cdot h_{a_1}}{2}\right) + 6\left(\frac{a \cdot h_{a_2}}{2}\right)$
$$\Rightarrow O \approx 82{,}23\,cm^2$$
c) $V = \frac{1}{3} \cdot G \cdot h_k$
$$V = \frac{1}{3} \cdot 6\left(\frac{a \cdot h_{a_1}}{2}\right) \cdot h_k$$
$$\Rightarrow V \approx 46{,}77\,cm^3$$

31.

$b = 2 \cdot r \cdot \pi = d \cdot \pi$ ▶ Seite 76

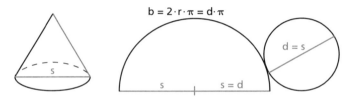

32. a) $s = \sqrt{h_k^2 + r^2}$ b) $h_k = \sqrt{s^2 - r^2}$
$\Rightarrow s = [7{,}8102... \rightarrow M]\,cm$ $\Rightarrow h_k = [3{,}3166... \rightarrow M]\,cm$
$O \approx 201{,}22\,cm^2$ $O \approx 172{,}79\,cm^2$
$V \approx 157{,}080\,cm^3$ $V \approx 86{,}829\,cm^3$

33.

▶ Seite 77

	r	h_k	s	G	M	O	V
a)	4,5 cm	20,51 cm	21 cm	63,63 cm²	296,9 cm³	360,50 cm²	434,93 cm³
b)	14 cm	3,0 cm	14,32 cm	615,75 cm²	629,93 cm²	1245,6 cm²	615,8 cm³
c)	6,5 cm	4,98 cm	8,2 cm	132,73 cm²	167,27 cm²	300 cm²	220,54 cm³
d)	5,0 cm	12 cm	13,0 cm	78,5 cm²	204,14 cm²	282,6 cm²	314,0 cm³

34. (1) $A_{Blech} = \pi \cdot (50\,cm)^2 \cdot \frac{1}{4} = 1963{,}50\,cm^2$
(2) $M = \pi \cdot r \cdot s \Rightarrow 1963{,}50\,cm^2 = \pi \cdot r \cdot 50\,cm \Rightarrow r = 12{,}5\,cm$
(3) $V = \frac{1}{3}\pi \cdot (12{,}5\,cm)^2 \cdot h_k$ und $h_k = \sqrt{s^2 - r^2} = [48{,}4122... \rightarrow M]\,cm$
    $\Rightarrow V \approx 7921{,}443\,cm^3$

35. $V = \frac{1}{3}\,G \cdot h_k \Rightarrow G = \frac{3V}{h_k} = 300\,m^2$

36. $V = 150{,}796\,m^3$; $m = 331{,}752\,t$. Es sind 19 Fahrten nötig (18,43).

► Seite 77

37. $V = 134{,}041\,\text{cm}^3$; $m = 107{,}233\,\text{g}$

38. $r = 16\,\text{mm} = 1{,}6\,\text{cm}$; $h_k = 37{,}7491\ldots\text{mm} = [3{,}7749\ldots \to M1]\,\text{cm}$
    $V_G = \frac{1}{3}\,\pi \cdot (1{,}6\,\text{cm})^2 \cdot [MR1]\,\text{cm} \cdot 2 = [20{,}2397\ldots \to M2]\,\text{cm}^2 \approx 20{,}240\,\text{cm}^2$
    $m_G = 839\,951{,}302\,\text{g} = 839{,}951\,\text{kg}$

39. $V = 0{,}1\,\text{l} = 0{,}1\,\text{dm}^3 = 100\,\text{cm}^3$; $h_k = 100\,\text{mm} = 10\,\text{cm}$
    $100\,\text{cm}^3 = \frac{1}{3}\pi \cdot r^2 \cdot 10\,\text{cm} \Rightarrow r = 3{,}09\,\text{cm} \Rightarrow d = 6{,}18\,\text{cm}$
    Der Durchmesser am oberen Rand beträgt 6,18 cm.

► Seite 78

40. a) $V \approx 143{,}793\,\text{cm}^3$ b) $V \approx 7238{,}29\,\text{cm}^3$ c) $V \approx 2{,}199 \cdot 10^{10}\,\text{km}^3$
    $O \approx 132{,}73\,\text{cm}^2$ $O \approx 1809{,}56\,\text{cm}^2$ $O \approx 3{,}796 \cdot 10^7\,\text{km}^2$

41. a) Für K_1 gilt: $O_1 = 4\,\pi \cdot r^2$
    Für K_2 gilt: $O_2 = 4\,\pi \cdot (2\,r)^2 = 4\,\pi \cdot 4 \cdot r^2 = (4\,\pi \cdot r^2) \cdot 4 = O_1 \cdot 4$
    Also hat K_2 eine viermal so große Oberfläche wie K_1.
    b) Für K_1 gilt: $V_1 = \frac{4}{3}\,\pi \cdot r^3$
    Für K_2 gilt: $V_2 = \frac{4}{3}\,\pi \cdot (2r)^3 = \frac{4}{3}\,\pi \cdot 8 \cdot r^3 = \left(\frac{4}{3}\,\pi \cdot r^3\right) \cdot 8 = V_1 \cdot 8$
    Also hat K_2 ein achtmal so großes Volumen wie K_1.

42. $V_{\text{Außenhaut}} = V_{\text{Außenkugel}} - V_{\text{Innenkugel}} = \frac{4}{3}\,\pi \cdot (225\,\text{mm})^3 - \frac{4}{3}\,\pi \cdot (210\,\text{mm})^3$
    $= \frac{4}{3}\,\pi \cdot (225^3 - 210^3)\,\text{mm}^3 = 8\,920\,552\,\text{mm}^3$
    Die Außenschicht hat ein Volumen von $\approx 8921\,\text{cm}^3$.

43. $V_{\text{Kleine Kugel}} = \frac{4}{3}\,\pi \cdot (1\,\text{mm})^3$; $V_{\text{Große Kugel}} = \frac{4}{3}\,\pi \cdot (10\,\text{mm})^3 = V_{\text{Kleine Kugel}} \cdot 1000$
    Es werden also 1000 kleine Bleikugeln benötigt.

44. $u = 2 \cdot \pi \cdot r$
    $\Rightarrow r = \frac{u}{2\pi} = \frac{40\,000\,\text{km}}{2\pi} = 6366{,}198\,\text{km} = 6\,366\,198\,\text{m}$ (Erdradius)
    $m = V \cdot \varrho = \frac{4}{3}\,\pi \cdot (6\,366\,198\,\text{m})^3 \cdot 5{,}5\,\frac{\text{t}}{\text{m}^3} \approx 5{,}9442 \cdot 10^{21}\,\text{t}$

► Seite 79

45. Drehung um a:
    Zylinder mit $r = 5\,\text{cm}$; $h_k = 8\,\text{cm}$
    $O = 408{,}41\,\text{cm}^2$; $V = 628{,}319\,\text{cm}^3$
    Drehung um b:
    Zylinder mit $r = 8\,\text{cm}$; $h_k = 5\,\text{cm}$
    $O = 653{,}45\,\text{cm}^2$; $V = 1005{,}310\,\text{cm}^3$

46. a) Es entsteht ein Kegel mit $r = 25\,\text{cm}$ und $h_k = [16{,}5831\ldots \to M]\,\text{cm}$
    $V_{\text{Rotat.}} = \frac{1}{3}\,\pi \cdot (25\,\text{cm})^2 \cdot [MR]\,\text{cm} \approx 10\,853{,}629\,\text{cm}^3$
    b) Es entsteht eine Halbkugel mit $r = 12\,\text{cm}$
    $V_{\text{Rotat.}} = \frac{4}{3}\,\pi \cdot (12\,\text{cm})^3 \cdot \frac{1}{2} \approx 3619{,}115\,\text{cm}^3$

144

c) Es entsteht ein Kegelstumpf, dem innen ein
Zylinder fehlt (oder auch: ein großer Kegel, dem
die Spitze, also ein kleiner Kegel, und ein Zylinder
fehlt).

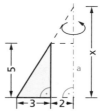

▶ Seite 79

(1) Nach Strahlensatz gilt: $\frac{x}{5} = \frac{5}{3} \Rightarrow x = 8\frac{1}{3}$ cm

(2) $V_{Rotat.} = V_{Kegel\ groß} - V_{Kegel\ klein} - V_{Zylinder}$

$V_{Rotat.} = \frac{1}{3}\pi \cdot (5\,cm)^2 \cdot 8\frac{1}{3}\,cm - \frac{1}{3}\pi \cdot (2\,cm)^2 \cdot 3\frac{1}{3}\,cm - \pi \cdot (2\,cm)^2 \cdot 5\,cm$

$\Rightarrow V_{Rotat.} \approx 141{,}372\,cm^3$

47.

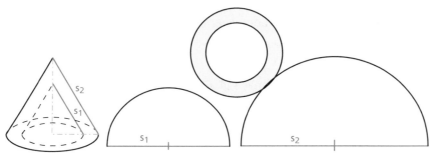

(1) $V_{Rotat.} = V_{Kegel\ groß} - V_{Kegel\ klein}$

$V_{Rotat.} = \frac{1}{3}\pi \cdot (5\,cm)^2 \cdot 5\,cm - \frac{1}{3}\pi \cdot (3\,cm)^2 \cdot 3\,cm \approx 102{,}625\,cm^3$

(2) $s_1 = 3\sqrt{2}$ cm; $s_2 = 5\sqrt{2}$ cm

$O_{Rotat.} = M_{Kegel\ groß} + M_{Kegel\ klein} + G_{Kegel\ groß} - G_{Kegel\ klein}$

$O_{Rotat.} = \pi \cdot 5\,cm \cdot 5\sqrt{2}\,cm + \pi \cdot 3\,cm \cdot 3\sqrt{2}\,cm + \pi \cdot (5\,cm)^2 - \pi \cdot (3\,cm)^2$

$= 201{,}324\,cm^2$

48.　a) (1) Höhe der Grundfläche: $h = [3\sqrt{3} \rightarrow M]$ cm

▶ Seite 81

(2) $V_G = V_{Dreiecksprisma} - V_{Zylinder}$

$V_G = \frac{6\,cm \cdot [MR]\,cm}{2} \cdot 4\,cm - \pi \cdot (1{,}3\,cm)^2 \cdot 4\,cm \approx 41{,}117\,cm^3$

(3) $m = 357{,}7\,g$

b) (1) $V_G = 2 \cdot V_{Trapezprisma} + V_{Rechteckprisma}$

$V_G = \frac{5\,cm + 4\,cm}{2} \cdot 2\,cm \cdot 6\,cm \cdot 2 + 1\,cm \cdot 1{,}5\,cm \cdot 6\,cm = 117\,cm^3$

(2) $m = 1017{,}9\,g \approx 1{,}018\,kg$

c) (1) Höhe der Grundfläche des Dreiecksprismas: $h = [1{,}4\sqrt{3} \rightarrow M]$ cm

(2) $V_G = V_{Zylinder} - V_{Dreiecksprisma}$

$V_G = \pi \cdot (2{,}6\,cm)^2 \cdot 4{,}4\,cm - \frac{28\,cm \cdot [MR]\,cm}{2} \cdot 4{,}4\,cm \approx 78{,}506\,cm^3$

$m = 683\,g$

▶ Seite 81

49. a) (1) Seitenkante s des Kegels: $s = \sqrt{5^2 + 13^2} = [13,9283...\rightarrow M]\,cm$

(2) $O_G = O_{Zylinder} + M_{Kegel} - G_{Kegel}$

$O_G = \pi \cdot (12\,cm)^2 \cdot 2 + \pi \cdot 5\,cm \cdot [MR]\,cm - \pi \cdot (5\,cm)^2 \approx 1949,04\,cm^2$

b) $O_G = O_{Prisma} + M_{Zylinder} - 2 \cdot A_{Rechteck} - 4 \cdot A_{Halbkreis}$

$O_{Prisma} = 36\,cm \cdot 52\,cm \cdot 2 + 36\,cm \cdot 40\,cm \cdot 2 + 40\,cm \cdot 52\,cm \cdot 2$

$M_{Zylinder} = 2 \cdot \pi \cdot 9\,cm \cdot 40\,cm$

$2 \cdot A_{Rechteck} = 2 \cdot 18\,cm \cdot 40\,cm$

$4 \cdot A_{Halbkreis} = 2 \cdot A_{Kreis} = 2 \cdot \pi \cdot (9\,cm)^2$

$\Rightarrow O_G \approx 11\,097,01\,cm^2$

c) (1) Grundkante a der Pyramide: $a = 30\sqrt{2} = 42,4264...\,[\rightarrow M1]\,cm$

(2) Höhe h_a der Pyramide: $h_a = \sqrt{h_k^2 + \left(\frac{a}{2}\right)^2} = 54,3139...\,[\rightarrow M2]\,cm$

(3) $O_G = O_{Prisma} + M_{Pyramide} - G_{Pyramide}$

$O_G = [2 \cdot (60\,cm)^2 + 4 \cdot 60\,cm \cdot 30\,cm] + 4 \cdot \frac{[MR1]\cdot[MR2]}{2} - [MR1]^2$

$\approx 14\,400\,cm^2 + 4608,687\,cm - 1800\,cm^2 \approx 17\,208,69\,cm^2$

50. a) $V_{Restkörper} = V_{Würfel} - 2 \cdot V_{Kegel}$

$V_{Restkörper} = (10\,cm)^3 - 2 \cdot \frac{1}{3}\pi \cdot (5\,cm)^2 \cdot 5\,cm = 738,201\,cm^3$

$m_{Restkörper} = 1993,142\,g$

Der Restkörper wiegt 1,993 kg.

b) $V_{Abfall} = V_{Würfel} - V_{Restkörper} = 1000\,cm^3 - 738,201\,cm^3$

$= 261,799\,cm^3$

$261,799\,cm^3$ entsprechen 26,2 % von $1000\,cm^3$.

26,2 % des Würfelvolumens werden zu Abfall.

c) (1) Seitenkante s des Kegels:

$s = \sqrt{\left(\frac{a}{2}\right)^2 + \left(\frac{a}{2}\right)^2} \Leftrightarrow \sqrt{\left(\frac{a}{2}\right)^2 \cdot 2} = \frac{a}{2} \cdot \sqrt{2}$

(2) $O_{Restkörper} = O_{Würfel} - 2 \cdot A_{Kreis} + 2 \cdot M_{Kegel}$

$\Leftrightarrow O_{Restkörper} = 6 \cdot a^2 - 2 \cdot \pi \cdot r^2 + 2 \cdot \pi \cdot r \cdot s$

$\Leftrightarrow O_{Restkörper} = 6 \cdot a^2 - 2 \cdot \pi \cdot \left(\frac{a}{2}\right)^2 + 2 \cdot \pi \cdot \frac{a}{2} \cdot \frac{a}{2} \cdot \sqrt{2}$

$\Leftrightarrow O_{Restkörper} = 6 \cdot a^2 - \pi \cdot \frac{a^2}{2} + \pi \cdot \frac{a^2}{2} \cdot \sqrt{2}$

$\Leftrightarrow O_{Restkörper} = 6 \cdot a^2 + \frac{\pi}{2}a^2 (\sqrt{2} - 1)$

51. a) Zerlege das Volumen des Daches in zwei halbe quadratische Pyramiden (entspricht einer quadratischen Pyramide) und ein Dreiecksprisma.

(1) Berechnung der Dachhöhe h_k: $\tan 32° = \frac{h_k}{6\,m} \Rightarrow h_k = 3,75\,m$

(2) $V_{Dach} = \frac{1}{3} \cdot (2a)^2 \cdot h_k + \frac{2a \cdot h_k}{2} \cdot a \Rightarrow V_{Dach} = 315\,m^3$ (umbauter Raum)

b) Die Dachfläche besteht aus zwei symmetrischen Trapezen und zwei ▶ Seite 81
gleichseitigen Dreiecken.
(1) Berechnung der Höhe h_a: $h_a = \sqrt{a^2 + h_k^2} \Rightarrow h_a = 7{,}08\,m$
(2) $A_{Dach} = 2 \cdot \frac{(3a + a)}{2} \cdot h_a + 2 \cdot \frac{2a \cdot h_a}{2} = 4a \cdot h_a + 2a \cdot h_a = 6a \cdot h_a$
$\Rightarrow A_{Dach} = 254{,}88\,m^2$
Es werden Dachziegel für eine Fläche von $254{,}88\,m^2$ benötigt.

52. a) Die Figur entsteht aus einem Quadrat ($a = 60\,mm$), von dem ein ▶ Seite 82
Kreis ($r = 20\,mm$) und vier gleich große Viertelkreise ($r = 20\,mm$)
subtrahiert werden. Der Umfang ist die Summe aller Teillinien der
Figur.
$A_G = (60\,mm)^2 - \pi \cdot (20\,mm)^2 \cdot 2 = 1086{,}73\,mm^3$
$U_G = 4 \cdot 20\,cm + \pi \cdot 20\,cm \cdot 2 \cdot 2 = 331{,}3\,mm$

b) Die Figur besteht aus einem Kreis ($r = 20\,mm$) und zwei Kreisringsek-
toren ($r_i = 20\,mm$; $r_a = 30\,mm$; $\alpha = 90°$).
$A_G = \pi \cdot (20\,mm)^2 + \pi \cdot [(30\,mm)^2 - (20\,mm)^2] \cdot \frac{90}{369} \cdot 2 = 2042{,}04\,mm^2$
$U_G = 4 \cdot 10\,mm + \pi \cdot 60\,mm \cdot \frac{1}{2} + \pi \cdot 40\,mm \cdot \frac{1}{2} = 197{,}1\,mm$

c) Die Figur kann zusammengesetzt werden aus einem Quadrat
($a = 10\,mm$), einem Trapez ($g_1 = 60\,mm$; $g_2 = 10\,mm$; $h = 20\,mm$)
sowie zwei Kreisteilen, die sich zu einem weiteren Quadrat
($a = 30\,mm$) zusammensetzen lassen.
$A_G = (10\,mm)^2 + \frac{60\,mm + 10\,mm}{2} \cdot 20\,mm + (30\,mm)^2 = 1700\,mm^2$
$u_G = \pi \cdot 60\,mm \cdot \frac{1}{4} \cdot 2 + 10\,mm \cdot 3 + \sqrt{2 \cdot (20\,mm)^2}$
$\qquad + \sqrt{(20\,mm)^2 + (30\,mm)^2} = 188{,}6\,mm$
(Anmerkung: Die Figuren a), b) und c) lassen sich natürlich auch
anders als dargestellt zerlegen.)

53. a) Zu fliesen sind alle Seitenflächen (zerlegbar in sechs Rechtecke und
zwei Trapeze) und der Boden (zerlegbar in drei Rechtecke) des
Beckens.
(1) Benötigt wird die Länge x der Schräge auf dem Beckenboden:
$\quad x = \sqrt{(7\,m)^2 + (1{,}8\,m)^2} = 7{,}23\,m$
(2) $A_G = 579{,}48\,m^2$

b) Das Gesamtvolumen ist zerlegbar in zwei Rechteckprismen und ein
Trapezprisma.
$V_G = 10\,m \cdot 16\,m \cdot 3\,m + 8\,m \cdot 1{,}2\,m \cdot 16\,m + \frac{3\,m + 1{,}2\,m}{2} \cdot 7\,m \cdot 16\,m$
$\quad = 868{,}8\,m^3 = 868\,800\,dm^3$
Das Becken fasst $868\,800$ Liter Wasser.

► Seite 82

54. a) (1) Berechnung der Höhe h_k einer Pyramide:

$$h_k = \sqrt{a^2 - \frac{a^2}{2}} = \sqrt{\frac{a^2}{2}} = \frac{a}{2}\sqrt{2} \Rightarrow h_k = [3{,}5355... \rightarrow M]\,cm$$

(2) $V_{Oktaeder} = 2 \cdot V_{Pyramide} = 2 \cdot \frac{1}{3} \cdot a^2 \cdot h_k \Rightarrow V_{Oktaeder} = 58{,}926\,cm^3$

b) Die Oberfläche des Oktaeders besteht aus 2 Mantelflächen einer quadratischen Pyramide.

(1) Berechnung der Höhe h_a einer Seitenfläche der Pyramide:

$$h_a = \sqrt{a^2 - \frac{a^2}{4}} = \sqrt{\frac{3a^2}{4}} = \frac{a}{2}\sqrt{3}$$

(2) $O_{Oktaeder} = 2 \cdot M_{Pyramide} = 2 \cdot 4 \cdot \frac{a \cdot h_a}{2} = 4 \cdot a \cdot h_a$

(3) h_a eingesetzt: $O_{Oktaeder} = 4 \cdot a \cdot h_a = 4 \cdot a \cdot \frac{a}{2}\sqrt{3} = 2a^2\sqrt{3}$

55. a) Zerlege die Schraube S in den Kopf K und den Zylinder Z.

(1) Flächeninhalt $A_{Sechseck} = 6 \cdot \left(\frac{a}{2}\right)^2 \cdot \sqrt{3} \Rightarrow A_{Sechseck} = 150\sqrt{3}\,mm$

(2) Dann ergibt sich das Volumen V_{R1} des Schraubenrohlings:

$$V_{R1} = V_K + V_Z = 150\sqrt{3}\,mm \cdot 7\,mm + \pi \cdot (5\,mm)^2 \cdot 90\,mm$$
$$= 8887{,}236\,mm^3$$

b) 8 % Materialverlust beim Schneiden des Zylinders ergeben

$$V_{Zneu} = V_Z \cdot 0{,}92 = 6503{,}097\,mm^3 \Rightarrow V_{R2} = V_K + V_{Zneu}$$
$$= 8321{,}750\,mm^3$$

c) 0,5 % Materialverlust beim Entgraten ergeben

$$V_{R3} = V_{R2} \cdot 0{,}995 = 8280{,}141\,mm^3 \approx 8{,}280\,mm^3$$

Daraus folgt das Gewicht einer Schraube: $m = 72{,}036\,g \approx 72\,g$.

H Probearbeiten

Probearbeit 1

► Seite 83

1. $\frac{1}{4} \cdot (-8 + 14) = \frac{1}{4} \cdot 6 = \frac{3}{2} (= 1,5)$

2. a) $L = \{-3\}$; P: $-30 = -30$ (w)   b) $L = \{4\}$; P: $156 = 156$ (w)

3. $D = \mathbb{Q} \setminus \{0; 2\}$; GN: $y(y - 2)$; $L = \{3\}$; P: $\frac{11}{3} = \frac{11}{3}$ (w)

4. Lösungsvariable x: Grundgebühr pro Tag in €
    Lösungsvariable y: Preis pro km in €
    Familie Müller: $8x + 1200y = 1180$; Familie Berg: $5x + 480y = 589$
    Lösung des Gleichungssystems führt zu $x = 65$ und $y = 0,55$.
    Die Grundgebühr beträgt 65€ pro Tag; jeder gefahrene km kostet 0,55€.

5. a)

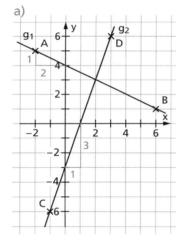

b) g_1: $m = \frac{1}{-2} = -\frac{1}{2}$
       $c = 4$
       $\Rightarrow y = -\frac{1}{2}x + 4$
    g_2: $m = \frac{3}{1}$
       $c = -3$
       $\Rightarrow y = 3x - 3$

c) $L = \{(2 \mid 3)\}$; zur Bestimmung gibt es
    zwei Möglichkeiten:
    (1) Lösung am Schnittpunkt der
        beiden Geraden ablesen
    (2) Lösung rechnerisch ermitteln
        durch Gleichsetzung der beiden
        Geradengleichungen.

6. a) $y = x^2 + 2x - 3$

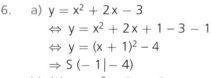

$\Leftrightarrow y = x^2 + 2x + 1 - 3 - 1$
$\Leftrightarrow y = (x + 1)^2 - 4$
$\Rightarrow S(-1 \mid -4)$

b) (1) $y = x^2 + 2x - 3$

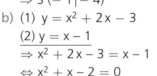

(2) $y = x - 1$
$\Rightarrow x^2 + 2x - 3 = x - 1$
$\Leftrightarrow x^2 + x - 2 = 0$

Diese quadratische Gleichung
mit einem beliebigen Verfahren
lösen: $\Rightarrow x_1 = 1$ und $x_2 = -2$

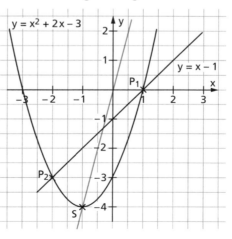

▶ Seite 83

Lösungen eingesetzt in (1) oder (2) liefert $y_1 = 0$ und $y_2 = -3$
Koordinaten der Schnittpunkte: $P_1 = (1|0)$ und $P_2 = (-2|-3)$
c) Steigung $m = \frac{\text{Höhendifferenz}}{\text{Seitendifferenz}} = \frac{4}{1} = 4$
$\Rightarrow$ Geradengleichung $y = 4x + c$
Berechnung von c nicht notwendig, da die Gerade durch den
Ursprung verläuft, also $c = 0$.
Damit lautet die Geradengleichung: $y = 4x$
Länge der Strecke $\overline{SO}$: $\overline{SO}^2 = 1^2 + 4^2 = 17 \Rightarrow \overline{SO} = \sqrt{17} \approx 4{,}12\,\text{cm}$.

Probearbeit 2

▶ Seite 84

1. $A_{\text{Dreieck}} = \frac{g \cdot h}{2} \Rightarrow A_{\text{Parallelogramm}} = \frac{g \cdot h}{2} \cdot 4$

b) richtig, denn $A_{\text{Parallelogramm}} = \frac{g \cdot h}{2} \cdot 4 \Leftrightarrow \frac{1}{4} \cdot A_{\text{Parallelogramm}} = \frac{g \cdot h}{2}$

d) richtig, denn $A_{\text{Parallelogramm}} = \frac{g \cdot h}{2} \cdot 4 \Leftrightarrow A_{\text{Parallelogramm}} = 2 \cdot g \cdot h$

2. a) (1) Zeichne $\alpha = 66°$ in A.
   (2) Bestimme B und D mit
   $a = d = 3{,}6\,\text{cm}$.
   (3) Kreisbögen um B und D
   mit $r = b = c = 3{,}6\,\text{cm}$
   liefern Schnittpunkt D
   (4) Diagonalen einzeichnen.

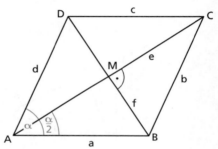

b) Die Diagonalen halbieren sich, deshalb:
   (1) $\cos\left(\frac{\alpha}{2}\right) = \frac{\frac{e}{2}}{a} \Rightarrow e = 2 \cdot a \cdot \cos\left(\frac{\alpha}{2}\right)$
   eingesetzt: $e = 2 \cdot 3{,}6\,\text{cm} \cdot \cos 33° = 6{,}0\,\text{cm}$.
   (2) $\frac{f}{2} = \sqrt{a^2 - \left(\frac{e}{2}\right)^2}$
   $\Rightarrow f = 2 \cdot \sqrt{a^2 - \left(\frac{e}{2}\right)^2} = 2 \cdot \sqrt{3{,}6^2 - 3{,}019^2} \approx 3{,}9\,\text{cm}$
   (3) $A_{\text{Raute}} = \frac{e \cdot f}{2} \approx 11{,}84\,\text{cm}^2$

3. (1) $A_{\text{Kreis}} = 100\,\text{cm}^2 \Leftrightarrow \pi \cdot r^2 = 100\,\text{cm}^2 \Rightarrow r = 5{,}6418\ldots\text{cm} = \overline{PM} = \overline{MQ}$
   (2) R liegt auf dem Thaleskreis über $\overline{PQ}$; also gilt $\angle QRP = 90°$.
   $\Rightarrow \sin\varepsilon = \frac{\overline{RQ}}{\overline{PQ}} \Leftrightarrow \sin 35° = \frac{\overline{RQ}}{2r} \Rightarrow \overline{RQ} = [6{,}4721\ldots\,\text{M1}]\,\text{cm}$
   (3) $\overline{PR} = \sqrt{\overline{PQ}^2 - \overline{RQ}^2} = [9{,}2431\ldots\,\text{M2}]\,\text{cm}$
   $\Rightarrow A_{\text{DreieckPQR}} = \frac{\overline{PR} \cdot \overline{RQ}}{2} = \frac{[\text{MR1}] \cdot [\text{MR2}]}{2} = 29{,}9111\ldots\,\text{cm}^2 \approx 29{,}91\,\text{cm}^2$

4. a) Der Gesamtumfang u_g der Figur setzt sich zusammen aus zwei ▶ Seite 84
   Halbkreisen mit $d = a$ (entspricht einem Kreisumfang) und vier
   Halbkreisen mit $d = \frac{a}{2}$ (entspricht dem Umfang von zwei Kreisen).
   Also gilt: $u_g = \pi \cdot a + \pi \cdot \frac{a}{2} \cdot 2 = \pi \cdot 2a$

   b) Der Flächeninhalt A_g der Figur ergibt sich aus dem Flächeninhalt eines
   Kreises mit $r = 10\,\text{cm}$, von dem der Flächeninhalt von zwei Kreisen
   mit $r = 5\,\text{cm}$ subtrahiert wird. Also gilt:
   $A_g = \pi \cdot (10\,\text{cm})^2 - 2 \cdot \pi \cdot (5\,\text{cm})^2 \approx 157{,}08\,\text{cm}^2$

5. a)

   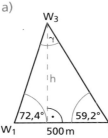

   b) (1) $\varepsilon = 180° - 72{,}4° - 59{,}2° = 48{,}4°$

   (2) $\dfrac{\overline{W_1W_3}}{\sin 59{,}2°} = \dfrac{\overline{W_1W_2}}{\sin 48{,}4°} \Rightarrow \overline{W_1W_3} \approx 574{,}33\,\text{m}$

   (3) $\dfrac{\overline{W_2W_3}}{\sin 72{,}4°} = \dfrac{\overline{W_1W_2}}{\sin 48{,}4°} \Rightarrow \overline{W_2W_3} \approx 637{,}33\,\text{m}$

   c) $\sin 72{,}4° = \dfrac{h}{\overline{W_1W_3}} \Rightarrow h = \overline{W_1W_3} \cdot \sin 72{,}4°$

   $A_{W_1W_2W_3} = \dfrac{\overline{W_1W_2} \cdot \overline{W_1W_3} \cdot \sin 72{,}4°}{2}$

   $\Rightarrow A_{W_1W_2W_3} = 136\,861{,}50\,\text{m}^2 \approx 13{,}7\,\text{ha}$

6. (1) $\cos\delta = \dfrac{15\,\text{m}}{26\,\text{m}} \Rightarrow \delta = 54{,}7655\ldots° \approx 54{,}8°$

   (2) $\overline{CE} = \sqrt{(26\,\text{m})^2 - (15\,\text{m})^2} \approx 21{,}24\,\text{m}$

   $\Rightarrow \tan\alpha = \dfrac{28\,\text{m}}{36\,\text{m} - 21{,}24\,\text{m}} \Rightarrow \alpha \approx 62{,}2°$

   (3) $\overline{AE} = \sqrt{(28\,\text{m})^2 - (14{,}76\,\text{m})^2} \approx 31{,}65\,\text{m}$

Probearbeit 3

1. a) $4a^2 + 12ab + 9b^2$ b) $4a^2 \cdot 9b^2 = 36a^2b^2 \ (= 36(ab)^2)$ ▶ Seite 85
   c) $(x^2 - 20x + 100) \cdot x^2 = x^4 - 20x^3 + 100x^2$

2. a) $0{,}6^2 = 0{,}36$ b) $-2^{-1} = -\frac{1}{2}$
   c) $(-3 \cdot 2)^2 = (-6)^2 = 36$

3. a) $x = 5$;   P: $7^{-4} \cdot 7^5 = 7^{-4+5} = 7^1 = 7$ (w)
   b) $x = \frac{1}{3}$;   P: $5^{\frac{1}{3}} = \sqrt[3]{5}$ (w)
   c) $x = -3$;   P: $4^{-3} : 4^{-5} = 4^{-3-(-5)} = 4^{-3+5} = 4^2$ (w)

4. Lösungsvariable x: Körpergröße von Peter in m.
   $22{,}2 = \dfrac{68}{x^2} \Leftrightarrow x^2 = \dfrac{68}{22{,}2} \Leftrightarrow x = \sqrt{\dfrac{68}{22{,}2}} = 1{,}7501\ldots\,\text{m}$
   Peter ist 1,75 m groß.

5. a) $\dfrac{3{,}61 \cdot 10^{16}\,\text{m}^3}{6{,}5 \cdot 10^9} \approx 5{,}554 \cdot 10^6\,\text{m}^3$
   Rechnerisch stehen jedem Menschen etwa $5{,}554 \cdot 10^6$ m³ oder
   5 554 000 m³ Süßwasser zur Verfügung.

▶ Seite 85

b) Lösungsvariable x: Volumen des zu zeichnenden Süßwasserwürfels.

$x = \frac{10^3\,cm^2 \cdot 3,61 \cdot 10^7\,km^3}{1,384 \cdot 10^9\,km^3} = 26,0838\ldots\,cm^3$

$\Rightarrow a = \sqrt[3]{26,0838}\,cm \approx 2,97\,cm$

Der Würfel für die Süßwassermenge hat eine Kantenlänge von etwa 3 cm.

c) 30 % von $3,61 \cdot 10^7\,km^3$ Süßwasser sind $1,083 \cdot 10^7\,km^3$.

$1,083 \cdot 10^7\,km^3 = 1,083 \cdot 10^7 \cdot 10^9\,m^3 = 1,083 \cdot 10^7 \cdot 10^9 \cdot 10^3\,\ell$

$\Rightarrow$ Es sind etwa $1,083 \cdot 10^{19}$ oder 10 Trillionen und 830 Billiarden Liter im Grundwasser gespeichert.

6. a) Angebot der Bank A:

Kapital K_{18} nach 18 Jahren:

$K_{18} = 5000\,€ \cdot (1,05)^{10} \cdot (1,058)^8 = 12\,786,40\,€$

Angebot der Bank B:

Kapital K_{18} nach 18 Jahren:

$K_{18} = 5000\,€ \cdot (1,048)^3 \cdot (1,05)^4 \cdot (1,052)^4 \cdot (1,054)^4 \cdot (1,056)^3 + 750\,€$

$\Rightarrow K_{18} = 13\,201,69\,€$

Bei Bank B erzielen die Großeltern ein größeres Guthaben für Charlotte.

b) Lösungsvariable q: Wachstumsfaktor des Kapitals.

$5000\,€ \cdot q^{18} = 13\,500\,€ \Leftrightarrow q^{18} = \frac{13\,500\,€}{5000\,€} = 2,7 \Rightarrow q = 1,05673\ldots$

$q = 1 + \frac{p}{100} \Rightarrow 1 + \frac{p}{100} = 1,0567 \Rightarrow p \approx 5,673\,\%$

Bei einem Zinssatz von 5,7 % p.a. wird in 18 Jahren ein Kapital von 13 500 € erzielt.

Probe-Abschlussarbeit 1

▶ Seite 86

1.

	Schüler	Grad
Komödie	12	160
Kabarett	9	120
Konzert	6	80
Summe	27	360

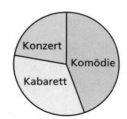

2. $D = Q \setminus \{3\}$; NF: $x^2 + x - 2 = 0$

$L = \{-2; 1\}$; P_1: $-2 = -2$ (w); P_2: $1 = 1$ (w)

3. a) (1) $d = 0,01\,mm = 0,001\,cm \Rightarrow r = 0,0005\,cm$

(2) $m = V \cdot \varrho = \pi \cdot (0,0005\,cm)^2 \cdot 100\,000\,cm \cdot 19,3\frac{g}{cm^3} = 1,5158\ldots\,g$

1000 m des Golddrahtes wiegen etwa 1,516 g.

b) Lösungsvariable h_k: Länge des Drahtes.   ▶ Seite 86

$\pi \cdot r^2 \cdot h_k = V \Rightarrow \pi \cdot (0{,}005\,mm)^2 \cdot h_k = 1000\,mm^3$

$\Rightarrow h_k = 12\,732\,395{,}45\,mm = \ldots \approx 12{,}732\,km$

Aus 1 cm³ Gold lassen sich etwa 12,732 km Draht herstellen.

4. (1) Parabel: $y = (x + 2)^2 - 3$

$\Leftrightarrow y = x^2 + 4x + 4 - 3$

$\Leftrightarrow y = x^2 + 4x + 1$

(2) Gerade: $y = -x + c$

P_1 einsetzen, um c zu bestimmen:

$-4 = -1 + c$

$\Rightarrow c = -3$

$\Rightarrow y = -x - 3$

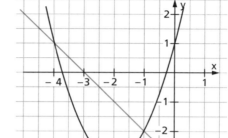

(3) Funktionsgleichungen gleichsetzen:

$x^2 + 4x + 1 = -x - 3$; NF: $x^2 + 5x + 4 = 0$; $x_1 = -1$; $x_2 = -4$

(4) $x_1 = -1$ einsetzen in (1) oder (2): $\Rightarrow y = -2 \Rightarrow P_2(-1|-2)$

5. a) (1) Inneres Volumen V_i des Verschlusses aus Zylinder und Halbkugel

mit $r_i = 1{,}4\,cm$; $h_{Zylinder} = 3\,cm$:

$V_i = \pi \cdot (1{,}4\,cm)^2 \cdot 3\,cm + \frac{2}{3}\pi \cdot (1{,}4\,cm)^3 = 24{,}220\,cm^3$

(2) Anzahl n der Füllungen bei einem Gesamtinhalt von

$1\,\ell = 1000\,cm^3$: $n = \frac{1000\,cm^3}{24{,}220\,cm^3} \approx 41{,}3$

Die Herstellerangaben stimmen nicht. Es sind nur etwa 41 Bäder möglich.

b) (1) Volumen V_g des Kunststoffs der Verschlusskappe mit

$r_a = r_i + 0{,}3\,cm = 1{,}7\,cm$:

$V_g = V_{Hohlzylinder} + V_{Hohlhalbkugel}$

$V_g = \pi \cdot (1{,}7^2 - 1{,}4^2) \cdot 3\,cm + \frac{2}{3}\pi \cdot (1{,}7^3 - 1{,}4^3) \approx 13{,}308\,cm^3$

(2) Masse m des Kunststoffgranulats für 10 000 Verschlüsse:

$m = V_g \cdot 0{,}55\,g \cdot 10\,000 = 73\,192{,}8\,g \approx 73{,}193\,kg$.

Es werden ca. 73,2 kg Granulat für die Tagesproduktion benötigt.

6. a) Wert W_5 nach 5 Jahren bei Wertminderung von 15 % jährlich:

$W_5 = 24\,975€ \cdot \left(1 - \frac{15}{100}\right)^5 = 24\,975€ \cdot (0{,}85)^5 = 11\,081{,}54\,€$

b) Prozentsatz p des Restwertes: $p = \frac{11\,081{,}54€}{24\,975€} = 0{,}4437\ldots \approx 44{,}4\,\%$

Im August 2009 hat das Fahrzeug voraussichtlich einen Wert von 11 081,54 €. Das sind 44,4 % des Kaufpreises.

Probe-Abschlussarbeit 2

▶ Seite 87

1. Nach der 3. Binomischen Formel $(a + b) \cdot (a - b) = a^2 - b^2$ gilt:
   $51 \cdot 49 = (50 + 1) \cdot (50 - 1) = 50^2 - 1^2 = 2500 - 1 = 2499$
   Ebenso gilt z. B.:
   $97 \cdot 103 = (100 - 3) \cdot (100 + 3) = 100^2 - 3^2 = 10\,000 - 9 = 9991$
   $3,1 \cdot 2,9 = (3 + 0,1) \cdot (3 - 0,1) = 3^2 - 0,1^2 = 9 - 0,01 = 8,99$

2. (1) Sauerstoffverbrauch bei 6 h schwerer körperlicher Arbeit:
   $75 \cdot \frac{70\,cm^3}{min} \cdot 360\,min = 1\,890\,000\,cm^3 = 1,890\,m^3$
   (2) Sauerstoffverbrauch bei 6 h Schlaf:
   $75 \cdot \frac{3,4\,cm^3}{min} \cdot 360\,min = 91\,800\,cm^3 = 0,0918\,m^3$
   (3.1) $p = \frac{91\,800}{1\,890\,000} = 0,04857... \approx 4,9\,\%$
   Im Schlaf verbraucht dieser Erwachsene nur 4,9 % des Sauerstoffs
   im Vergleich zu schwerer körperlicher Arbeit.
   (3.2) $p = \frac{1\,890\,000}{91\,800} = 20,58823... \approx 2058,8\,\%$
   Bei schwerer körperlicher Arbeit verbraucht dieser Erwachsene
   2058,8 % des Sauerstoffs im Vergleich zum Schlaf.

3. a) 100 Mrd. Sterne $= 10^{11}$ Sterne; 6000 Sterne $= 6 \cdot 10^3$ Sterne
   b) $p = 6 \cdot 10^3 : 10^{11} = 6 \cdot 10^{3-11} = 6 \cdot 10^{-8} = 0,000\,000\,06 = 0,000\,006\,\%$
   Nur 0,000 006 % der Sterne sind sichtbar.

4. a) $49,12\,min = 0,8186...\,h \Rightarrow 4:49,12\,h = 4,8167\,h$
   McEwens Geschwindigkeit v_{Mc}:
   $v_{Mc} = \frac{\text{gefahrene Strecke}}{\text{benötige Zeit}} = \frac{207\,km}{4,8176\,h} = 42,958\frac{km}{h}$
   Stolls Vermutung ist falsch. McEwens Durchschnittsgeschwindigkeit
   lag bei rund $43\,\frac{km}{h}$.
   b) Jens' Geschwindigkeit v_J: $v_J = \frac{50\,m}{5\,s} = \frac{600\,m}{1\,min} = \frac{36\,000\,m}{60\,min} = 36\frac{km}{h}$
   Jens erreicht die Geschwindigkeit von McEwen nicht.

5. a) Durch die Rotation um s entstehen ein Zylinder $\left(\frac{1}{2}s = r \text{ und } h_k = 2r\right)$,
   eine Kugel $\left(\frac{1}{2}s = r\right)$ und ein Kegel $\left(\frac{1}{2}s = r \text{ und } h_k = 2r\right)$.
   b) $V_{Zylinder} = \pi \cdot r^2 \cdot h_k = \pi \cdot r^2 \cdot 2r = 2\pi \cdot r^3$; $V_{Kugel} = \frac{4}{3}\pi \cdot r^3$
   $V_{Kegel} = \frac{1}{3} \cdot G \cdot h_k = \frac{1}{3} \cdot \pi \cdot r^2 \cdot h_k = \frac{1}{3} \cdot \pi \cdot r^2 \cdot 2r = \frac{2}{3}\pi \cdot r^3$

6. (1) $d_{Saturn} = 10 \cdot d_{Erde} \Rightarrow r_{Saturn} = 10 \cdot r_{Erde}$
   $O_{Erde} = 4\pi \cdot r^2_{Erde}$
   $O_{Saturn} = 4\pi \cdot r^2_{Saturn} = 4\pi \cdot (10 \cdot r_{Erde})^2 = 100 \cdot 4\pi \cdot r^2_{Erde} = 100 \cdot O_{Erde}$
   Die Oberfläche des Saturn ist 100-mal so groß wie die der Erde.
   (2) $V_{Erde} = \frac{4}{3}\pi \cdot r^3_{Erde}$
   $V_{Saturn} = \frac{4}{3}\pi \cdot r^3_{Saturn} = \frac{4}{3}\pi \cdot (10 \cdot r_{Erde})^3 = 1000 \cdot \frac{4}{3}\pi \cdot r^3_{Erde} = 1000 \cdot V_{Erde}$
   Das Volumen des Saturn ist 1000-mal so groß wie das der Erde.

Anhang Basiswissen Sachrechnen

1. a) (1) proportional, (2) nicht proportional, (3) umgekehrt proportional   ▶ Seite 89
   b) (1) In 10 Minuten 480 Liter; 432 Liter in 9 Minuten.
      (2) Nach Gebührenordnung der Post AG (Stand 2005):
         Briefporto für 50 g: 0,95 €
         Großbriefe bis 500 g erfordern 1,44 € Porto.
      (3) Bei 150 $\frac{km}{h}$ beträgt die Fahrzeit 4 Stunden.
         Die mittlere Geschwindigkeit bei 9 Stunden Fahrzeit beträgt 75 $\frac{km}{h}$.

2. Vorüberlegung: Zur doppelten Grundstücksgröße gehört der doppelte Grundstückspreis.
   Die Zuordnung Grundstücksgröße → Preis ist proportional.

   a)

Fläche	Preis
1 m²	75 €
632 m²	47 400 €

   ·632 (   ) ·632

   Anderer Rechenweg:
   $\frac{x}{75} = \frac{632}{1} \Rightarrow x = 632 \cdot 75 = 47\,400$
   Das Grundstück von 632 m² kostet 47 400 €.

   b) Für 50 000 Euro erhält man ein Grundstück mit 666,67 m².

3. Vorüberlegungen: Die Größenpaare aus Breite und Länge müssen produktgleich sein. Die Zuordnung ist umgekehrt proportional.

   a)

Länge	Breite
1 cm	144 cm
16 cm	9 cm
12 cm	12 cm

   ·16 (   ) : 16

   Anderer Rechenweg:
   $x \cdot 16\,cm = 144\,cm^2 \Rightarrow x = 9\,cm$

   Das Pappstück wird 9 cm (12 cm) breit.

   b) Das Pappstück wird 4 cm (24 cm) lang.

4. Vorüberlegungen: Die Größenpaare müssen produktgleich sein.

		a)	b)	c)	d)
Anzahl der Pferde	20	30	50	60	16
Mögliche Futtertage	120	80	48	40	150

   Einfacher Rechenweg,
   z. B. a) $30 \cdot x = 20 \cdot 120 \Rightarrow 30x = 2400 \Rightarrow x = 80$

5. Vorüberlegungen: Zur n-fachen Fahrstrecke gehört der n-fache Benzinverbrauch. Die Zuordnung ist proportional. Man rechnet aus, wie viel Liter sein Wagen für 100 km verbraucht.
   Ansatz: $\frac{x}{256} = \frac{100}{3260} \Rightarrow x = \frac{100 \cdot 256}{3260} \approx 7,853$
   Der Verbrauch beträgt rund 7,9 Liter pro 100 km.

▶ Seite 90

6.

50 %	25 %	12,5 %	10 %	20 %	30 %	40 %	5 %	125 %
$\frac{1}{2}$	$\frac{1}{4}$	$\frac{1}{8}$	$\frac{1}{10}$	$\frac{1}{5}$	$\frac{3}{10}$	$\frac{2}{5}$	$\frac{1}{20}$	$\frac{5}{4}$

7. Tipp: Rechne z. B. so: 1 % von 400 € = 4 €, 3 % von 400 % sind dreimal so viel, also 12 €.

Anderer Rechenweg: $\frac{3}{100}$ von 400 € = (400 € : 100) · 3 = 12 €.

a) 12 € b) 24 € c) 200 € d) 20 € e) 150 € f) 10 €

Tipp für g) und h):

Bilde Bruchteile $\frac{P}{G}$, kürze und forme in einen Prozentsatz um.

g) 24 Euro von 96 Euro $= \frac{24}{96} = \frac{1}{4} = 0,25 = 25\,\%$

h) 5 % i) 200 %

8.

	a)	b)	c)	d)	e)	f)
Grundwert	2460 t	5180 t	894,00 €	223,00 €	9900 ℓ	60 ℓ
Prozentsatz	22,3 %	77,6 %	22,5 %	225 %	4,5 %	103 %
Prozentwert	548,580 t	4019,68 t	201,15 €	501,75 €	449,55 ℓ	61,8 ℓ

9. (1) $p\,\% = \frac{2210,00\,€}{3400,00\,€} = 0,65 = 65\,\%$, (2) $100\,\% - 65\,\% = 35\,\%$

Für Steuern und Sozialversicherungen wurden 35 % abgezogen.

10. Der Grundwert ist gesucht. $G = \frac{131,20\,€}{16} \cdot 100 = 820,00\,€$

▶ Seite 91

11. Tipp: Die Formel für Jahreszinsen lautet $Z_1 = K \cdot \frac{p}{100}$. Beim Kopfrechnen dividiere zunächst K durch 100 und multipliziere danach mit p.

a) 6,00 € b) 12,00 € c) 10,00 € d) 17,50 € e) 100,00 € f) 0,05 €

Tipp: Bilde den Bruchteil $\frac{Z_1}{K}$, kürze und forme in einen Prozentsatz um.

g) 5 %   h) 6 %

12. a) Zinsformel nach t auflösen: $t = \frac{Z_t}{K} \cdot \frac{100}{p} \cdot 360$.

Größen einsetzen:

$t = \frac{112,50\,€}{2000,00\,€} \cdot \frac{100}{7,5} \cdot 360 = 270.$ t = 270 Tage = 9 Monate

b) Tages-Zinsformel nach $\frac{p}{100} = p\,\%$ auflösen: $p\,\% = \frac{Z_t}{K} \cdot \frac{360}{t}$.

Einsetzen: $p\,\% = \frac{22,50\,€}{3000,00\,€} \cdot \frac{360}{36} = 0,075 = 7,5\,\%$

c) Tages-Zinsformel nach K auflösen: $K = Z_t \cdot \frac{100}{p} \cdot \frac{360}{t}$.

Einsetzen: $K = 162,50\,€ \cdot \frac{100}{6,5} \cdot \frac{360}{18} = 50\,000,00\,€$

d) $Z_t = 4800,00\,€ \cdot \frac{2,25}{100} \cdot \frac{57}{360} = 17,10\,€$

e) $p\,\% = \frac{1031,25\,€}{66\,000,00\,€} \cdot \frac{12}{5} = 0,0375 = 3,75\,\%$

13.   Monats-Zinsformel nach K auflösen: $K = Z_m \cdot \frac{100}{p} \cdot \frac{12}{m}$.   ▶ Seite 91
      Einsetzen: $K = 1000,00€ \cdot \frac{100}{6,5} \cdot \frac{12}{1} = 184\,615,38€$

14.   Tages-Zinsformel nach $p\% = \frac{p}{100}$ auflösen und einsetzen:
      $P\% = \frac{5,00€}{5000,00€} \cdot \frac{360}{1} = 0,36 = 36\%$. Das sind Wucherzinsen.
      Eine echte Freundin geht darauf nicht ein!

15.   1. Schritt: Zinszeit berechnen:
      $t = 27$ Tage $+ 2$ Monate $+ 28$ Tage $= 115$ Tage
      2. Schritt: $Z_{115} = 32\,000,00€ \cdot \frac{15,5}{100} \cdot \frac{115}{360} = 1584,44€$
      Die Überziehungszinsen betragen 1584,44 Euro.

16.   a) Klempnerei NN   Freiburg, 1. Februar 2006   ▶ Seite 92
         Rechnung für Frau Wassermann
         Reparatur nach Rohrbruch

2,5 Std. Geselle Meyer	(42,50€)	106,25€
1,5 Std. Auszub. Müller	(20,50€)	30,75€
Material		222,80€
		359,80€
MwSt.		57,57€
Zu zahlen bis 28. Februar 2006		417,37€

         Bei Zahlung innerhalb 8 Tagen 2 % Skonto
         Am 4. Februar 2006 müsste Frau Wassermann
         $417,37€ \cdot 0,98 = 409,02€$ überweisen.
      b) Erinnere dich: Zinsen = Kapital mal p % mal Zeitfaktor.
         Verzugszinsen $= 417,37€ \cdot 0,0825 \cdot \frac{1}{12} = 2,87€$
         Jetzt kostet die Reparatur $417,37€ + 2,87€ = 420,24€$.

17.   a) Überlege: 3400 ℓ sind 78 % der Heizölmenge, die er für die alte
         Anlage hätte kaufen müssen.
         Vergleichsmenge also $= 3400\,ℓ \cdot \frac{100}{78} \approx 4359\,ℓ$. Das sind 959 ℓ mehr.
         Kostenersparnis also $959\,ℓ \cdot 0,47\frac{€}{ℓ} = 450,73€$.
      b) Von 2005 bis 2014 bezogene Heizölmenge $= 29\,980\,ℓ$.
         Äquivalent für die ältere Anlage $= 38\,435,9\,ℓ$
         In diesen zehn Jahren hätte Herr Sparsam für die alte Anlage 8455,9 ℓ
         Heizöl mehr tanken müssen.
      c) $8455,9\,ℓ \cdot 0,52\,\frac{€}{ℓ} = 4397,07€$

Lösungen

▶ Seite 93

18. Beachte: Tauscht jemand an einem deutschen Bankschalter EURO in eine fremde Währung um, dann gilt der unter „Verkauf" genannte Kurs. Wechselt man dagegen in Deutschland einen Betrag in fremder Währung in EURO um, gilt der unter „Ankauf" genannte Kurs.

   a) Für je 5000,00 € erhält Mehmet 3363,50 £, 7681,00 kan.-$ und 6502,00 US-$.

   b) Nach der Rückkehr tauscht er ein: 600 £ in 836,00 Euro, 1000 kan.-$ in 593,05 €, 500 US-$ in 364,86 €. Insgesamt erhält er 1796,91 €.

19. Die Fläche Deutschlands beträgt $A = \frac{47\,484\,km^2}{13,3} \cdot 100 = 357\,022\ km^2$.
Der Anteil Bayerns beträgt $\frac{70\,548\,km^2}{357\,022\,km^2} \cdot 100 \approx 19,8\,\%$
Die Mittelpunktswinkel für das Kreisdiagramm betragen für Niedersachsen $\approx 47,9°$, für Bayern $\approx 71,3°$.

Stichwortverzeichnis